まえがき

決済、そして金融は、明治時代に金融制度ができてから、最大の〝変革期〟に来ている。日本では「デジタル化」(DX)は経済政策だ。キャッシュレス化、そしてマイナポイント事業などを経由してデジタル化を推進している。金融ではデジタル化は、電子化・無券面化・ペーパーレス化などとして済々と進行していた。また、コロナ禍で日本のデジタル化は5年進んだ。

決済には〝ヒエラルキー〟(階層構造)がある。最上部には決済完了性をもった日本銀行(中央銀行)があり、次の段階を民間決済システムが担っている。民間決済システムの改革は先進国ではほぼ終了している。実体経済を支える〝コア〟の決済インフラともいえる「銀行」、特に地方銀行の再編も構造改革として進められている。そういう意味で、2021年のメガバンク「みずほ銀行」のシステムMINORIのトラブルは残念であった。

今回、スマホ決済インフラ、デジタル通貨、仮想通貨(暗号資産)を中心とした新しい決済インフラを「新型決済インフラ」と名付け焦点を当てた。新型決済インフラの登場と改革は、立法に筆者が深くかかわった「資金決済法」が2010年に施行され「資金移動業者」

（～Pay）の誕生が可能になった。また同時期に〝スマートフォン〟（スマホ）が登場し、まさに金融とITの〝新結合〟（イノベーション）としてのフィンテックが誕生した。

実は、フィンテックとは、そのほとんどがリテールの「スマホ決済」のことである。また、スマホ決済や仮想通貨（暗号資産）では、不正アクセスやマネーロンダリングなどの犯罪やトラブルが多い。金融機関の経営として犯罪防止は当然のことであるが、コンプライアンスが強化され、経営理念としてのインテグリティに向かっていく。

「デジタル通貨」は中国で進んでいるが、デジタル化の課題も分かり、日本を始め先進国では導入しない。紙の象徴ともいわれる「手形」や「はんこ」も廃止される。しかし、「新紙幣・新貨幣」は今後も〝20年ごと〟に発行される。また、現在、資金移動業者の残高に給与を振り込む「デジタル給与」が検討されているが、実現には課題も多い。


本書は初版『決済インフラ入門』（2015年）で世界中の決済システムを歴史も含め解説した。また「決済インフラ」や、ポイントやマイレージなどを「企業通貨」と名付けて、あいまいだった分野を整理し「決済」の〝全体〟を再定義した。改訂版『決済インフラ入門〔2020年版〕』（2018年）では、「フィンテック」や「仮想通貨（暗号資産）」を中心に解説を加え、全体も改訂した。本書ではその単なる改訂版ではなく、「新型決済インフラ」

に焦点を当てた。さらに「銀行」を始めとした金融機関の改革・再編も対象とした。銀行は基本的にリテール顧客の決済については分野の収益性の低さから撤退し、スマホ決済インフラに移譲するような形になろう。

そして決済インフラの近未来を解説したい。デジタル化の問題点も見えてきて、決済で大事な文化と歴史を再確認し、特に近未来に向けて、再認される銀行の最大の価値「インテグリティ」、最大の銀行である「ゆうちょ銀行」ネットワーク、現在も世界中で取引され、次の基軸通貨となる「CO_2」（二酸化炭素）などの重要事項を解説する。

本書は、決済インフラ・金融の歴史・現在だけではなく、新型決済インフラ、そして、金融の〝帰趨〟までをこの1冊にまとめたものである。筆者は銀行（メガバンク）に27年勤務し、その後、大学（経済学部）に6年奉職し決済・金融・経済を研究してきた。その間、金融庁、財務省、経済産業省、日本銀行などの金融当局や全国銀行協会等の委員会、内外の学会でも講演し、法律制定にも協力してきた。さらに最近でも、当局を始め、様々な金融機関や企業の方々の課題の対応へのご協力をさせていただいた。海外でもＦＲＢ、ＥＣＢ、ＢＩＳ、中国人民銀行、ＨＫＭＡ、ＣＬＳ、ＳＷＩＦＴを始め、多数の当局や決済システム、そして外国銀行等に出向や訪問をしてきた。最近ではＩＴ企業やコンサルティング会社、航空会社や商社の方々とも一緒に、仕事をさせていただいている。社内・社外、国内・海外で、

〝直截的〟に議論したことや、質問されたことも、守秘義務はしっかり守りながら、重要な点はこの1冊で網羅したつもりである。決済は私の専門の一つであるが、他の専門である金融や通貨とも関係が深く、その範囲も関連あるところは、できるだけ包含するようにした。

本書の執筆や日頃の研究・業務に際しては、帝京大学冲永佳史理事長・学長と江夏由樹経済学部長に大変お世話になり感謝している。また東洋経済新報社の岡田光司さんから2回目の改訂のご依頼をいただいて、企画段階から、様々な方面のチェックまで大変お世話になった。ここに改めて岡田さんにお礼を申し上げたい。本書は、金融機関の実務の方々、大学の研究者の方々、企業の方々や、当局の方々、そして一般の方々に、これまで以上に広く、お役に立てる内容にしたつもりである。また、筆者は、以前、著作権関係で被害を受けた。日本ではそのようなことはないと油断しており、筆者にも甘さがあったと反省している。以後、著作権登録や商標登録など法的な対応をして、注意をしている。そのような恥ずべき事件は今後、起こらないことを望むし、それが学問や社会で大事なことだと信じている。

本書『決済インフラ入門』は、2015年の初版、2018年の第2版（〔2020年版〕）と続いたが、実務でも研究でも「決済はこの1冊で大丈夫」という決済のバイブルとされ、お陰様で好評を得て、第3版（〔2025年版〕）を出版することができて大変感謝している。

決済を始めとした〝日本の金融〟の発展に少しでも貢献できれば、金融にお世話になってきたものとして、望外の喜びである。

２０２１年５月

新緑の八王子の研究室にて

宿輪純一

目　次

まえがき　1

経済のデジタル化（DX）

1　決済のデジタル化　20
（1）DX　20
（2）メリット・デメリット　22
（3）はんこの廃止　23
（4）コロナ禍の影響　25
（5）情報の管理　26
2　新型決済インフラ　27
3　スマホと銀行口座　30
（1）決済ヒエラルキー　32
（2）決済インフラ2大改革　33
・キャッシュレス・ポイント還元事業　40
・マイナポイント事業　41

第1章 新型決済インフラ

1 中国の新型決済インフラ 44
（1）アリペイ 45
（2）ウィーチャットペイ 46
（3）銀聯カード 46
2 スマホ決済インフラ 47
（1）資金移動業者 47
（2）成熟期の競争 48
3 デジタル通貨 49
（1）中央銀行デジタル通貨 50
（2）デジタル通貨の種類 52
（3）デジタル通貨の課題 55
4 仮想通貨・ブロックチェーン 56
5 新通貨・新貨幣 60
（1）現金決済比率 60
（2）タンス預金 61
（3）20年ごとの刷新 62
コラム 1 ―― 紙幣と硬貨 63

決済の基礎

1 決済と為替 66

2 決済システム 71

3 二つの決済の仕組み 75

4 決済ヒエラルキー 77

5 中央銀行の役割 78

（1）現金通貨の供給 78

（2）決済完了性の供給 79

（3）流動性の供給 80

（4）民間決済システムの決済 81

6 決済関連の関係官庁 82

（1）金融庁 82

（2）財務省 83

（3）日本銀行 83

（4）ＢＩＳ（国際決済銀行） 84

（5）経済産業省 84

（6）国土交通省 85

（7）警察庁 85

コラム 2 ―― 国際通貨だった円　86

決済リスク

1 金融機関間の決済リスク　91
（1）決済リスク　91
（2）2種類の決済リスク　92
（3）構成するリスク　94
2 犯罪とコンプライアンス　97
3 決済リスク具現化事件　102
（1）ヘルシュタット銀行事件　102
（2）BONY事件　104
（3）ニューヨーク大停電　105
（4）BCCI事件　105
（5）ベアリングス事件　106
（6）リーマンショック　107
（7）東日本大震災　108
（8）マウントゴックス事件　109
（9）米国金融制裁　110

(10) SWIFTハッキング事件 111
(11) コインチェック事件 112
(12) ビジネスメール詐欺 112
(13) スマホ決済インフラ不正出金 112
(14) みずほ銀行システム障害 113
コラム 3 —— 進んでいた江戸時代 113

銀行

1 銀行 118
銀行業 118
新たな形態の銀行 119
2 銀行等の決済インフラ 120
免許等を受けている主たる業者 120
銀行再編 125
3 銀行口座 127
4 決済業務 128
5 国際的に重要な銀行 129
6 現金取扱 130

7　情報銀行　132
8　システム共同化　133
コラム4 ―― 銀行　134

第5章　現金系決済

1　現金　139
現金通貨　139
現金発行量とタンス預金　141
インドの紙幣廃止　142
米国の硬貨不足　143
スウェーデンの過度の電子化　144
2　電子マネー　144
3　企業通貨　147
（1）企業ポイント　150
（2）共通ポイント　150
（3）ポイント交換サイト　151
（4）ポイントサイト　151
4　外国通貨　152

トラベルプリペイドカード　153
5　代行決済　154
（1）代引決済　154
（2）収納代行　155
QRコード　155
バーコード　156

口座振替系決済

1　口座振替　161
2　ペイジー　162
3　デビットカード決済　163
4　クレジットカード決済　164
5　新型決済インフラの登場　167
6　決済代行サービス　169
7　主たる決済インフラ　170

第7章 決済システム

（銀行）振込　174
・本邦5大決済システム　176
（1）日銀ネット　176
（2）全銀システム　182
・銀行間手数料　183
・第6次全銀システム　184
・第7次全銀システム　185
・ZEDI　186
・ATMネットワーク　186
・APN　189
（3）外為円決済システム　189
（4）手形交換制度　190
・手形の電子化　191
・電子交換所　192
（5）電子債権記録機関　192
・Tranzax 電子債権　194
（6）CMS・TMS　195

海外系決済

外国為替 198
海外中央銀行の決済 200
小口リアルタイム化 201

1 米国 202
（1）Fedwire 202
・稼働時間の延長 204
・FedNow 205
（2）CHIPS 206
・RTP 207
（3）ACH 207
Fedグローバル ACH 208

2 欧州 209
（1）TARGET（TARGET2） 209
（2）EURO1 212
・SEPA 214
（3）STEP1／STEP2 214
（4）欧州全体のACH 215
（5）PEPSI 215

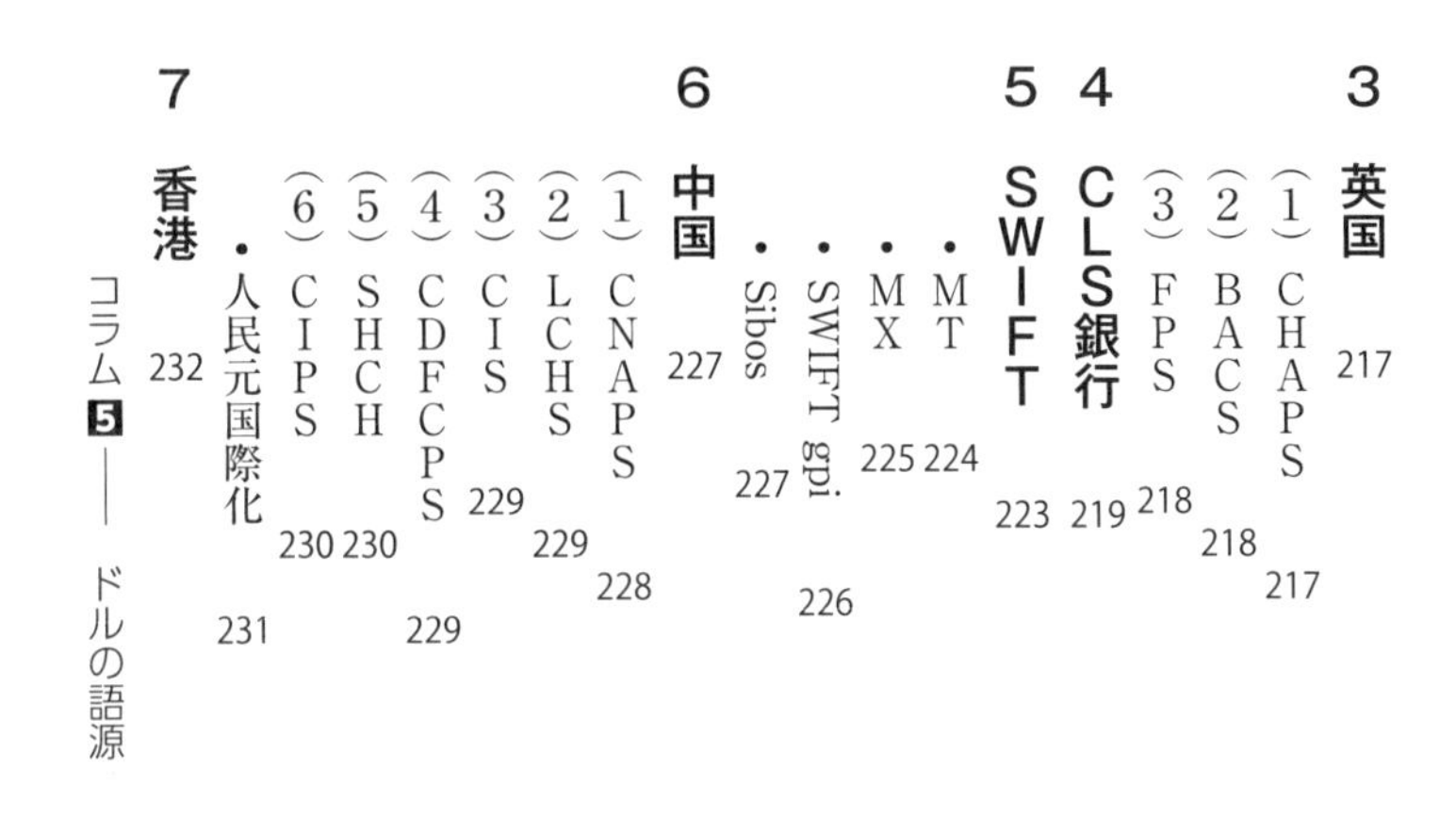

3 英国 217

(1) CHAPS 217

(2) BACS 218

(3) FPS 218

4 CLS銀行 219

5 SWIFT 223

・MT 224

・MX 225

・SWIFT gpi 226

・Sibos 227

6 中国 227

(1) CNAPS 228

(2) LCHS 229

(3) CIS 229

(4) CDFCPS 229

(5) SHCH 230

(6) CIPS 230

・人民元国際化 231

7 香港 232

コラム5 —— ドルの語源 235

証券系決済

1 日本 239

最近の証券決済改革 240

（1）稼働時間の延長 240

（2）決済期間の短縮 240

（3）国債決済システムの海外接続 241

〈照合〉 242

〈清算〉 243

（1）日本証券クリアリング機構 243

（2）ほふりクリアリング 244

〈決済〉 244

（1）証券保管振替機構 245

（2）日本銀行 245

〈取引記録保管〉 245

2 米国 246

〈清算〉 247

（1）NSCC 247

（2）FICC 247

〈決済〉 247
（1）DTC 247
（2）FRB 248
3 欧州 248
決済（2段階の改革） 249
（1）ユーロクリア 251
（2）クリアストリーム 251
（3）T2S 252
〈清算〉 253
（1）LCH. Clearnet 253
（2）Eurex Clearing 254
4 アジア 254

近未来の決済インフラ

1 デジタル化の課題 260
2 インテグリティと銀行 264
3 決済インフラの歴史 267
4 ゆうちょプラットフォーム 269

（1）郵便局の送金 270
（2）ATM・スマホ決済インフラ 271
（3）ECネットワーク 271
（4）地銀統合 272
（5）公共ネットワーク 273
5 基軸通貨になるCO_2 274
参考文献・ウエブサイト 279
索　引

序章 経済のデジタル化（DX）

Introduction of Settlement Infrastructure

決済のデジタル化

（1）DX

日本経済や金融は「デジタル化」（DX：Digital Transformation[1]：デジタル・トランスフォーメーション）の真最中にある。「デジタル」（Digital）[2]とは、そもそもは「両手のひら[3]」の意味である。人類は、どの民族でも両手のひらの〝10〟本の指で数えた。デジタル化とは、すなわち数値化することである。それは、世界各国の通貨名[4]のベースにもなっている。

経済政策として、安倍晋三政権は2018年に「キャッシュレス・ビジョン[5]」を発表し、日本経済のキャッシュレス化を進めた。キャッシュレス化もデジタル化の一部である。そして、2020年に菅義偉政権が発足し、経済政策の3つの柱として、新型コロナ対策、環境問題（特に温暖化・脱炭素）対策、そして、この「デジタル化」が推進されている。今回は、政府自体も自らデジタル化しようとしており、

（1）Transformation の「Trans」は交差するという意味があるため、英語では交差を1文字で表す「X」を使用する。

（2）ラテン語の語源から推測すると、Di や De は〝10〟の意味である。Deci は10分の一。Decem は10を意味する。December は12月であるが、ユリウス（シーザー）暦では、7月（July）と8月（August）を入れたために12月になった。

（3）両手を合わせた手のひらで持てるだけの量として、量の単位としても使われている。近代までは通貨も金属であり、量（重さ）と価値が一致していた。

（4）ディルハム（dirham）、ディナール（dinar）など。

政府・地方公共団体から改革を進めている。

以前より、銀行をはじめとした金融機関は、「決済」分野においてペーパーレス化・電子化・無券面化と名を換えながらもデジタル化を推進し、決済システム[6]の改革を推進してきた。ペーパーレス化という言葉は１９７０年代から使われ始めた。当初は植物の使用量削減といった自然保護的な目的であったが、徐々に経営の改革にシフトしてきた。

金融でも２００３年短期社債（ＣＰ）、２００６年一般債（社債・地方債）、２００７年投資信託（受益証券）、２００９年株式と、ほぼすべての証券（振替制度）がデジタル化された。また、２００８年には電子記録債権法が施行された。２０１０年施行の「資金決済法」によって、電子マネーや資金移動業などの基盤が固まり、２０１７年の改正で、仮想通貨を対象とすることとなり、２０２０年の更なる改正で仮想通貨[7]の管理を強化し「暗号資産[8]」と名称変更[9]させた。

決済以外の分野も、１９９８年電子帳簿保管法施行、２００１年電子署名法施行、２００５年ｅ-文章法施行などと法整備も続いた。

２０１５年「マイナンバー[10]」（個人番号）法が施行された。その後、改正され「番号法」から「番号利用法」となった。「マイナンバーカード」（マイナンバーカード・

---

(5) 詳細後述。

(6) 金融機関間の決済インフラのこと。詳細後述。

(7) Crypto Currency

(8) Crypto Asset

(9) 誤解が多いため。

(10) インドではPAN（納税番号：Permanent Account Number）、韓国：住民登録番号、米国：社会保障番号がある。

個人番号カード）は本人確認のための身分証明書として使用できる。しかし、保有は義務ではないことと、日本では個人情報管理への懸念も根強いこともあって、足元、マイナカードは3千万超と4人に1人の保有にとどまっている。政府とすると22年度末までにすべての国民に行き渡ることが目標である。21年春に健康保険証としての利用が予定されていたが、延期になった。24年度末の運転免許証としての利用が予定されている。

（2）メリット・デメリット

「デジタル化」は、単純なＰＤＦ化（読み取り）ではない。データをクラウド[11]で保存するだけではなく中央集権的に活用する。メリットはコスト削減ではなく、データを分析し、経営的な判断が〝迅速に〟かつ〝正確に〟できるようになることである。

現在のデジタル化は、経済活動全体の生産性が向上し、経済成長率を上げる、すなわち、デジタル化は経済成長戦略である。さらにおカネの面から見ると、デジタル化によって決済、すなわちおカネの巡り（回転）が良くなる。通貨の回転速度も上がり、経済成長に資するというわけである。また、デジタル化は一般的には情報

(11) 中国語では「雲聯」である。

が見えるようになるため、物価が上がりにくくなる（デフレ傾向）といわれるが、実際にはネット広告や情報サイト掲載料が上乗せされるため、デフレ脱却にも資している。

デメリットは中央集権的にデータ（情報）が管理されるという点である（詳細後述）。これはメリットでもあるが、個人情報保護の観点からはデメリットでもある。国家としてデジタル化の完成形が中国である。逆にいえば、中国だからこそデジタル人民元の導入ができるのである。

（3）はんこの廃止

今回のデジタル化の象徴的な方針として、「はんこ」[12]（ハンコ）の廃止（脱はんこ）がある。はんことは正式には「印章」であり、「印鑑」は図鑑の〝鑑〟で、正確には「印鑑簿」のことである。はんこは、以前ははんこが大きかったようで「版行」といっていたが、当て字で「判子」になった。

銀行など金融機関では、長年、はんこを本人確認・意思確認の手段として使用してきた。通常、口座を作成するときに「印鑑簿」を作成する。基本的には支払伝票などに押されたはんこと、その印鑑簿の印影を同一のものと確認（証印）して取引

(12) 「はんこ」と「ハンコ」は同じ意味であるが、一般的に「はんこ」を使う。「ひらがな」とつながるときに「ハンコ」を使う。

を行う。はんこが本人確認の手段、特に法人では銀行取引の権限確認も兼ねていた。会社や様々な組織の内でも、はんこは決済を始めとした様々な局面で使用されている。

一般的には、実印、銀行印、認印と3つを使い分けている方が多い。銀行印というのが、金融機関との取引に使われるはんこである。金融機関との取引に使われるはんこは、一般的に、いわゆるシャチハタやゴム版でない、木・牙・角、そして金属や樹脂などの〝固いはんこ〟(13)である必要がある。よく文具店においてあるようないわゆる「三文判」(14)でも銀行取引は可能である。

実際は、伝票による取引において、本人確認もはんこのみで行われるわけではなく、住所・氏名などの〝筆跡〟や本人の表情（顔つき）なども確認する。逆に、はんこ（印影）のみで取引をすることは難しい。犯罪防止の観点からも、本人確認が厳格(げんかく)になっている。

現存する最古のはんこは「漢委奴国王印」(15)の金印で、後漢の初代皇帝光武帝（在位西暦25～57年）が倭（日本）の国王に贈ったもの。周辺諸国に対する中国の中央集権における権威の象徴となっていた。その後もはんこは官印として公文書などに使われていた。戦国時代の武士では手書きのサイン「花押」も使われた。日本では

---

(13) 基本的には、大量生産されている、一般的に「シャチハタ」と呼ばれている、継続的に使用できるゴム製のハンコは使えない。

(14) 個人の銀行口座の場合、半分以上がいわゆる「三文判」といわれている。

(15) 純金、各辺2・3センチ、高さ2・2センチ。「かんのわのなのこくおういん」。

んこ制度の中心となる公的な「印鑑登録制度」ができたのは１８７３年（明治６年）であった。

これから、経済産業省と全国銀行協会により、紙の「手形」は２０２６年をめどに廃止され、電子記録債権（詳細後述）などに移行する。手形は現金化に時間がかかっていたため、中小企業の金繰りにとって良い効果がある。今後、料金も含め電子記録債権（電子手形）の決済システム「でんさいネット」を使いやすくする。また、最長１２０日にしてきた手形の期日（サイト）は、２０２４年をめどに60日以内に短縮する方針である。足元、手形の支払規模は約25兆円で、ピークの90年には約１００兆円規模であったが、その約４分の１になっている。

（4）コロナ禍の影響

２０１９年に発生した新型コロナウイルス感染症（COVID-19）が世界中に感染拡大（パンデミック）し、経済活動にも大きな影響を与えた。今回の「コロナ禍」[16]では、外出や人との接触回避が重視され、デジタル化にとってみると、逆に大きな追い風となり、〝約5年分〟進行したと考えている。

日本人は〝現金志向〟が強い、といわれるが、今回のコロナ禍においては、日本

---

(16)「新型コロナウィルスが招いた災難や危機的状況」のことであるが、限られた記事の紙面・誌面では文字数を省くために使われるようになった。

人の過敏さが決済インフラとしての現金の取扱いにも影響を与えた。現金決済をやめ、デジタル決済を利用する顧客が増えた。

一方、紙幣にコロナウイルスが付着しているのではないかと過剰に心配するお客様もいた。銀行を始めとした金融機関のなかには、紙幣はコロナウイルスが死滅する2週間の間保管し、再度使用するという手続きを定めた金融機関もあった。また、金融機関関連の大手電気機器メーカーは紙幣を自動で消毒する装置を発売した。1分間に1000枚の紙幣に対し、1枚ずつ両面に紫外線を当てるというものである。窓口で「新札」を希望される顧客も増えた。

お客様との対応（接客）においても、デジタル化しており「本当に必要な時」のみ〝対面〟で行うことが一般化しつつある。つまり、デジタル化の時代だからこそ、逆に〝営業力〟（人間力）の強化が必要となっている。

（5）情報の管理

デジタル化が進むと、基本的には情報（データ）がクラウド化し〝中央〟にまとめて保管され管理される。個人情報を含めたデータの管理は、その主体が〝インテグリティ〟（きちんと）（詳細後述）をもって運営されていれば良いが、そうでない場合もないとはいえない。その非対称の情報を中央管理して、恣意的に利用することは「デジタル・レーニン主義」（Digital Leninism）と揶揄されている。

中国がその通貨である人民元を「デジタル通貨」とすることが可能なのは、その国家管理体制だからである。デジタル化が進めば、個々の個人の決済情報[17]まで国家管理が可能になる。G7のような（西側）先進国では困難である。「デジタル通貨」は流行している用語で、日本でも議論があるが、導入の可能性はない。そこまでのデジタル化は中国だから可能なのである。欧州（ナチス）や日本では、第2次世界大戦前の違法な個人情報の収集の歴史があり、その反省から、個人情報の収集には社会的な抵抗感がある。

2 新型決済インフラ

今さらながらの感があるが、フィンテック（FinTech）とは、金融（Finance）と技術（Technology）を組み合わせた造語で、特に新しい情報技術（IT）が発

(17) それ以前も、アリペイやウィーチャットペイなどを、銀行決済以外の決済を管理する「非銀行支付機構」を通じて管理している。

達し、金融サービスを取り込んでいった動きをいう。まさにイノベーション（新結合）である。金融とＩＴの関係というと、それまでは金融業務をシステム（ＩＴ）化していくという削力化・管理強化するものであった。しかし、今回のフィンテックは、特にＩＴ系の企業が金融業務を行う形になっている。そのため、金融業界で〝当たり前〟とされているものが欠如していることもある。

本書ではフィンテックと呼ばれるような新しい決済インフラを「新型決済インフラ」と名付けることとする。ＩＴ〝用語〟とすれば、フィンテックは２０００年ごろより意識され始めた。初期のフィンテックでは、ペイパル（PayPal／米国）は１９９８年、アリペイ（Alipay／中国）は２００５年、Ｍペサ（MPesa／ケニア）は２０１０年、仮想通貨（暗号資産）のビットコイン（Bitcoin／米国）は２００９年に誕生した。しかし、本格的になってくるのは、２００７年からのサブプライム危機（Subprime Mortgage Crisis）、さらには翌年のリーマンショック[18]（The Financial Crisis）の後で、通常のクレジットカードの取引や銀行の取引が出来なくなった人が増加したのも一因といわれている。米国では[19]現在でも約７％の国民が銀行口座[20]を保有していない。

また、さらに同じ時期に「スマートフォン」（スマホ）が普及し始めた。２００

(18) リーマンショックは和製英語。

(19) 日本ではほぼ１００％銀行口座を保有しており、数からいうと一人当たり、６口座を保有している。

(20) 銀行口座保有率については金融の発展度合いの一つのバロメータとなっている。新興国ではざっくりいって約半分の方々が口座を保有していない。その層は「Unbanked」といわれている。

7年アイフォーン（iPhone）、2008年アンドロイド（Android）端末が発売された。そのスマホがフィンテックを支えた。フィンテックとは、主としてスマホを使用した「リテール」（個人）取引であるということである。またスマホには優れたカメラが付いている点も重要であり、このカメラにより、QRコードやバーコードを読み取ることができる。

スマホの活用で、そのベースとなるSNS[(21)]では、日本国内でLINE：約9千万人、Twitter：約5千万人、Instagram：約4千万人、Facebook：約3千万人となっている。「スマホ決済インフラ」（サービス）はその延長線上にある。

海外では個人取引に特化したアプリ銀行を「チャレンジャーバンク」といい銀行免許も保有している。代表的なものに英モンゾ（Monzo）、英レボリュート、英Atom、独エヌ26（N26）、ブラジル Nubank などがある。

しかし、新型決済インフラも順風満帆というわけではない。2020年には、ドイツ株式指数（DAX）の主要30銘柄にも指定されていた、フィンテック最大手の決済サービス業「ワイヤーカード」が不正会計を起こし破産した。

(21) Social Networking Service

3 スマホと銀行口座

日本では銀行口座保有率がほぼ100%近くで、口座数では一人当たり約6口座保有している。インドネシアでは約半分、ネパールでは約6割が保有しておらず、アジア新興国では低い。トルコでも約3割が銀行口座を保有していない。

また、デジタル化・フィンテックで重要な役割を果たす「スマホ」(携帯)については、銀行口座開設に比べると、スマホ契約が簡易なせいか新興国では普及率が高く、軒並み100%[22]を超えている。日本では約7割にとどまっている。スマホの使用が困難な高齢者と生活に困窮している層が保有していない。

新型決済インフラである「スマホ決済インフラ」(サービス)の戦略は「銀行口座」を持っておらず、「スマホ」だけ持っている層をどうするか、ということになる。

増加している「資金移動業者[23]」によるスマホ決済インフラ(サービス[24])のチャージした残高「疑似預金」が増加しているが、厚生労働省と全銀協が協力して「給与

(22) カンボジア、ミャンマーなど。

(23) 資金決済法によって認められた少額の為替取引(送金代行)ができる業者。いわゆる「…Pay」。

(24) 「アプリ」とも。

図表1　決済ヒエラルキー

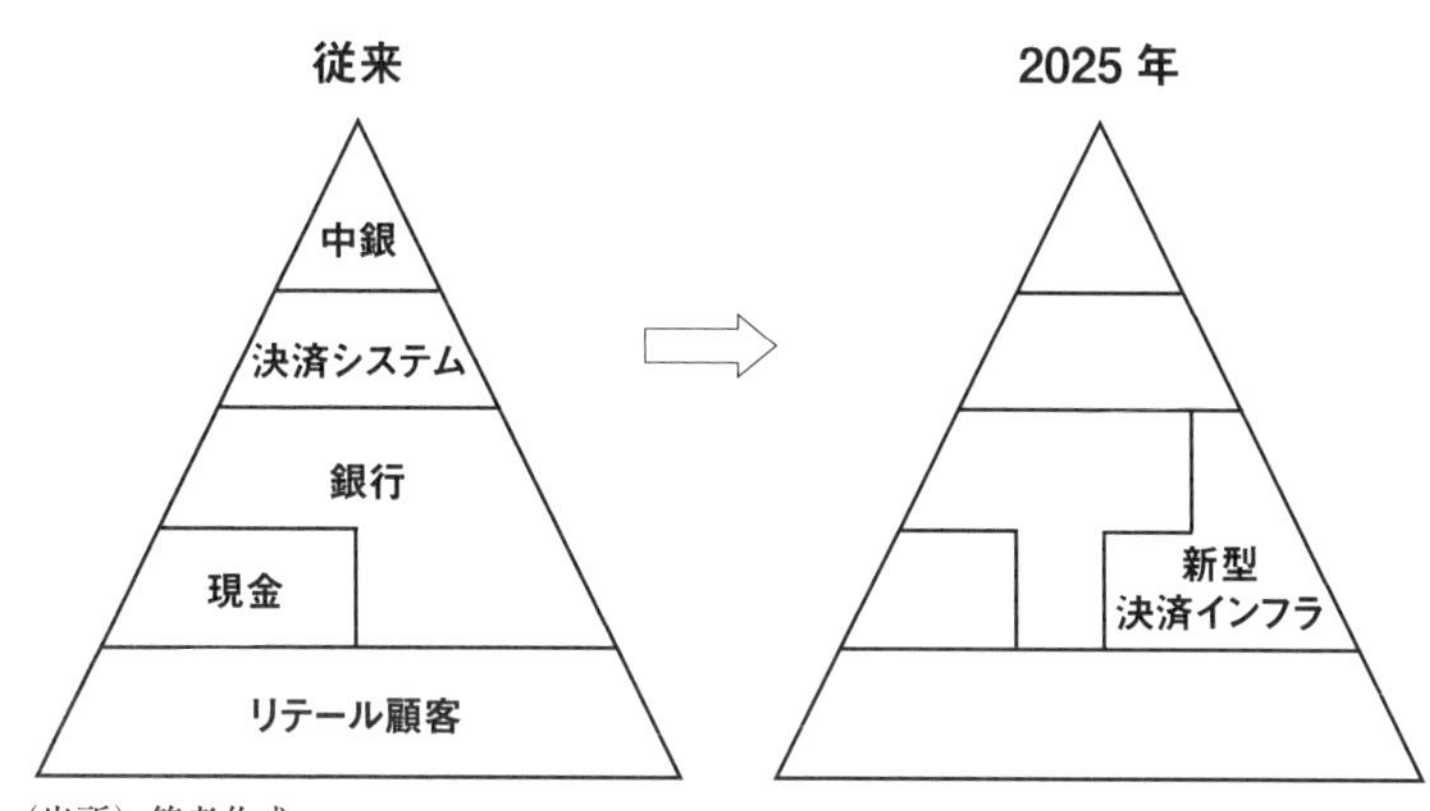

（出所）筆者作成

振込」（デジタル給与）の準備が進んでいる。銀行など金融機関には預金取扱機関として厳しい規制があり、「規制の平等性」の面からも、銀行並みにすべきといわれている。「預金」には①不特定多数が相手、②金銭の受け入れ、③元本の返済が約束、④金銭の保管が目的という4要件がある。

また、資金移動業者は2022年に「全銀システム」（詳細後述）に参加が可能になる。また、3メガバンクと2りそな[(25)]は、少額決済専用の決済インフラ「ことら[(26)]」（詳細後述）を新設し、2022年度の稼働を目指している。

また2020年には「金融サービス仲介業[(27)]」（金融仲介業）が銀行・証券・

(25) りそな銀行と埼玉りそな銀行。

(26) 小口トランザクションの略。「金融システム・ライト」とも。

(27) 金額など各種制限がある。

保険などの金融のサービスをワンストップで利用者に提供できるようになった。

「楽天」は、スマホを窓口にECや金融サービスを併用し「ポイント経済圏[28]」（詳細後述）による囲い込みを行っているが、携帯への先行投資が経営の重荷となっている。

このリテール向けのスマホ決済インフラやデジタル通貨などの導入は、新興国では「金融包摂[29]」にも資する。

この分野の用語については、学会でもマスコミでも固まっていないものが多いが、本書ではなるべく幅広く記す。

（1）決済ヒエラルキー

どの国でも、中央銀行をトップとした「決済のヒエラルキー」（階層構造）がある。

〝決済インフラ〟の改革は、1980年代各国の中央銀行（当座預金）において、その決済システム[30]のRTGS[31]（即時決済）化（詳細後述）を進める動きからスタートした。日本の中央銀行である日本銀行（日銀）は2001年に完全RTGS化した。

---

(28) アマゾン（Amazon）のビジネスモデルと近い。

(29) 社会全体で金融知識レベルを上げ、導入を推進すること。

(30) 金融機関がメンバーの決済インフラ。

(31) Real Time Gross Settlement

中央銀行の決済システムは、通常、その国の決済ヒエラルキーの最上部の機関となっている。その日本銀行の決済システムから改革がスタートし、現在、「新型決済インフラ」であるリテール（個人）のスマホ決済インフラなどの改革が進行中である。そのように段階を踏んで、決済インフラの改革は進行する。

（2）決済インフラ2大改革

決済インフラとして、1873年（明治6年）に日本初の銀行が誕生し、1879年（明治12年）に日本初の決済システムとして「手形交換所」が大阪に誕生してから、ほぼ〝150年〟が経つ。最近の決済インフラの改革は〝決済インフラ〟に留まらず、〝金融〟の構造改革にまで踏み込んでおり、これまでで最大の改革と認識できる。

特に、ここで述べる「資金決済法」と「キャッシュレス戦略」という2つの改革で、日本の決済インフラ、特に「新型決済インフラ」の導入が進められている。

①資金決済法[32]

そのリテール決済インフラの改革を一段進め、「新型決済インフラ」を誕生させることになったのが、2010年に施行された「資金決済法」である。近年の決済

(32) 筆者は、金融庁の委員会に参加し、この法律の制定に全面的に協力した。

図表2　NFCのマーク（可能な場合、カードに表示がある）

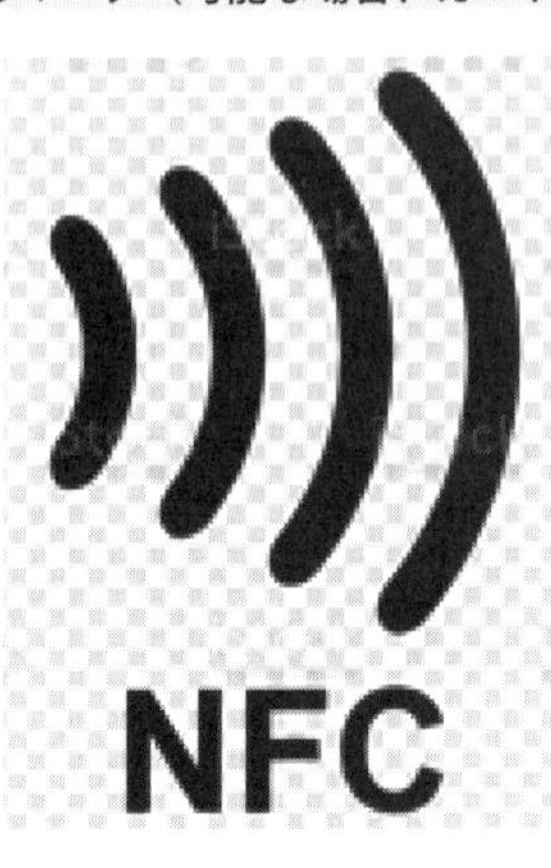

インフラ改革はこの「資金決済法」から始まった。資金決済法はそれまで分散し、またカバーされていなかった「決済」に関する法律を整理し、あるいは新規に制定したものである。そのため、性質の違う様々な要素から構成されている。その後、2017年4月に、そして2020年5月に「暗号資産」（仮想通貨）を対象に加え「改正資金決済法」が施行された。

A．前払式支払手段[33]

資金決済法で説明されている「キャッシュレス支払手段」は、決済、すなわちモノの〝購入〟の時点と、おカネの〝支払〟の時点を比較して分類される。このキャッシュレス支払とは、

(33)　PPI：Prepaid Payment Instruments

単純な送金ではなくて、モノの購入（決済）に使われる用語である。

キャッシュレス支払手段は、「前払」の電子マネー、「即時払」のデビットカード、「後払」のクレジットカードと3種類ある。そのうちの「前払式支払手段」がすなわち「電子マネー」である。特に情報が発行者のコンピューター・サーバー[34]で管理されている「サーバー式」の前払式支払手段もその対象とした。

電子マネーでは、まず媒体にチャージ（入金）し、その金額を上限として使用が可能となる。代表的なものに交通系のＳｕｉｃａ[35]（ＪＲ東日本）やＰＡＳＭＯ[36]などがある。媒体も主として、プラスティックカードや、最近では、スマートフォン（スマホ）が使われている。

さらにこの前払式支払手段には、商品券（紙）やテレホンカード等のプリペイドカードもある。決済に使われる技術も紙型、プラスティックカードの磁気型、あるいはそのＩＣ[37]チップ型などがある。非接触で「ピッ」と即時に決済が終わる「ＮＦＣ」[38]（近距離無線通信）という技術であるが、接触しなくても近距離（10センチ以内）であれば機能する。ＮＦＣはＩＣチップの周囲にアンテナを内蔵している。

Ｂ．資金移動業者[39]

決済、特に「為替業務」、いわゆる振込（送金）などは銀行の「固有業務」で、

---

(34) 「サーバー」（Server）：理系や法律的な文面では「サーバ」と最後の伸ばす「ー」を省略することがある。これは記号と間違える可能性があるからである。

(35) Super Urban Intelligent Card

(36) パスネット（ＰＡＳＳＮＥＴ）の「ＰＡＳ」（パス）と「もっと」の意味を表す英語「ＭＯＲＥ」（モア）の頭文字「ＭＯ」から名付けられた。首都圏共通ＩＣカード乗車券発行事業と電子マネーサービス事業を行っている。

(37) 集積回路：Integrated Circuit のこと。

(38) Near Field Communica-

銀行以外は行うことができなかった。資金決済法によってこれが「100万円」以下に限り、登録することによって、為替業務を行うことができるようになった。

これは、国内のニーズからではなく、フィリピンのアロヨ大統領（当時）からの国としての依頼であった。フィリピンでは、GDPの1割がいわゆる「出稼ぎ送金」である。日本にも多数のフィリピンからの出稼ぎの方が来ている。その出稼ぎの方の海外送金コストを下げてくれという国としての依頼であった。そのため、100万円という限度額を付けて、新たに「資金移動業者」を設け、競争原理によって、海外送金[40]の価格を下げようとした。スマホ決済インフラは基本的に資金移動業者である。

C．資金清算業[41]

銀行（金融機関）間の債権・債務の解消を行う清算業（機関）で、「決済システム」である。特に、一時的な〝立替え〟を行うという点がリスクであり、課題となる。それまで、決済システムを対象とする法規制はなかった。これにより、免許制となり、金融庁に検査権限も与えられた。

D．暗号資産（仮想通貨）

当初、2017年の「改正資金決済法」において、世界で最初に暗号資産（仮想

---

tion：タッチする必要はない。その点で、駅などで「しっかりタッチ」と指示があるのは、本来は必要ないが、確実に機能させるためと考えられる。

(39) Funds Transfer Service Providers. 詳細は後述。

(40) ローソン銀行も海外送金「キョウダイレミッタンス」を開始した。

(41) Clearing Institution for Interbank Funds Transfer

通貨）について対象とし法規制したために、その仮想通貨に関する法的信頼性が高まり、日本は「仮想通貨先進国」といわれた。特に機関投資家にとってその法律は重要な意味を持った。その後、２０２０年に、仮想通貨を「暗号資産」と改称し、規制強化する、更なる「改正資金決済法」が施行された。通貨（法貨）とは、法的通用性のある貨幣のことで、その国で当局が定めて、発行するしかない。一般的には中央銀行が発行しコントロールする。日本だと円、米国だとドルである。「通貨」という名称だと、勘違いする可能性もある。あくまでも仮想通貨（暗号資産）は、当局ではなく〝民間〟の金融商品[42]である。さらに〝資産〟としたのは、日本国内では９割以上が決済ではなく、資産としての運用に使われていることの表れである。銀行や証券などの金融機関では、仮想通貨の取扱いをしない。

仮想通貨（暗号資産）には、不正アクセス事件が多い。２０１４年マウントゴックス（約４７０億円）、２０１８年コインチェック（約５８０億円）、２０１８年テックビューロ（約70億円）、２０１９年ビットポイントジャパン（約30億円）と発生している。また〝匿名性〟が高いため、マネーロンダリング上の問題もある（詳細後述）。

---

(42) Facebookの通貨「リベラ」も当初、仮想通貨といわれていた。

図表3　キャッシュレス支払方式

名称	支払方式	モノとおカネの関係
電子マネー	前払式	モノの購入と比べて、おカネの支払が“先”
デビットカード	即時払式	モノの購入とおカネの支払が“同時”
クレジットカード	後払式	モノの購入と比べて、おカネの支払が“後”

（出所）筆者作成

②キャッシュレス戦略

安倍政権の時に、経済産業省担当の経済政策として推進されたのが「キャッシュレス戦略」であり、これが「デジタル化」（DX）につながる流れとなる。方針が2018年の「キャッシュレス・ビジョン」である。ここで、キャッシュレス比率は約2割であるが、2025年までに4割にするという目標を立てて遂行中である。キャッシュレス決済は〝モノ〟[43]を購入するときの支払手段であり、電子マネー、デビットカード、クレジットカードの3種類がある。すべてを「電子マネー」という向きもあるが、明確に性質が違うので注意したい。「媒体」はそれぞれプラスティックカードやスマートフォンがある。

政府（省庁）の基盤クラウドをアマゾンが受注した。アマゾン、マイクロソフト、グーグルの米3社が世界のシェアの約6割を占めている。日本のシステム専業

(43) 経済産業省はモノの視点をもっている。

大手としては7社、NTTデータ、野村総研、TIS、CTC、SCSK、日本ユニシス（2022年4月にBIPROGYに変更）、NSSOLがある。

A．電子マネー（前払式）

おカネをモノの購入より先に払っておく、すなわち、カードやスマホの電子マネー（口座）に入金（チャージ）しておく。その、残高まで引き出すことが可能である。

B．デビットカード（即時払式）

デビット（Debit）[44]とは、銀行の通常業務では「引出し」を意味し、英語では支払伝票をDebit Noteという。デビットカードは銀行口座（特別口座）と紐づいており、モノを購入した時（〝同時〟）に口座から引出すという仕組みである。

C．クレジットカード（後払式）

クレジット（Credit）すなわち〝信用〟によって、利用限度額（上限）が各人（各クレジットカード）に設定され、その限度額までは使用ができる。〝後〟の決められた決済日に、金額が引き落とされる。

クレジットカードの「ショッピング限度額」については、割賦販売法[45]に基づき、申込時の情報と「指定個人情報機関[46]」から取り寄せた信用情報によって総合的に計

---

(44) 会計や簿記の分野では、貸借対照表の左側を「Debit」（Dr：借方）、右側をCredit（Cr：貸方）とし、そもそもはDebitとは借方勘定に記帳することである。この借方・貸方の表現が会計や簿記を始めるときに違和感がある。この用語を作ったのは福沢諭吉である。

(45) いわゆる「月賦」のベースになっている法律である。

(46) 日本信用情報機構（JICC）とシー・アイ・シー（C－C）の2社が指定を受けている。5年間記録が残る。

算されるが、基本的には、年間収入等から返済可能額（包括支払可能見込額）を計算する。しかし、実際の支払能力を超えて返済が滞る、いわゆる「クレジットカード中毒（依存症）」も社会問題になっている。そのため現在は返済可能額の9割[47]で運用されている。

また、クレジットカードには「キャッシング枠」も設定されている。これはモノの購入ではなく、借入（借金）である。限度額（上限）は「貸金業法」に基づき年収の3分の1となっている。メガバンクを始めとした銀行も、別途「カードローン[48]」を取り扱っている。

キャッシュレス・ポイント還元事業

これは、キャッシュレスの推進と、消費税増税による景気の落ち込みを緩和するために（需要平準化対策）、経済産業省が2019年10月から2020年6月まで9カ月間、実施していた政策である。消費者がモノを購入する等の際にキャッシュレス決済を行った場合、支払先が中小企業のときは5％、フランチャイズ店舗のときは2％の還元を受けることができた。還元総額は3500億円を超えた。

また、消費者だけでなく店の側にも、キャッシュレス決済の普及を促進するため

(47) 経済産業大臣指定の割合である。

(48) 足元、約45社ある。

に、加盟店手数料[49]の3分の1を国が補助（3・25％以下の引下げが条件）する制度や、決済端末導入費用の3分の2を国が負担する制度も実施された。

マイナポイント事業

さらに、キャッシュレス・ポイント還元事業を引き継ぐ形で、総務省がキャッシュレス決済事業者と連携し、マイナンバーカード（マイナカード）保有者を対象にポイント還元を行った。これは先のキャッシュレス・ポイント還元事業の2つの目的に加え、さらにマイナンバー／マイナンバーカードの普及も狙った「一石三鳥」の政策といわれている。

総務省が2020年7月から、2021年3月末までにマイナンバーカードを申請した方にマイナポイントを付与した。還元率は25％、2万円分の買い物での利用・チャージに対し一人当たり上限は5000ポイント（5000円相当）である。マイナカードはスマホ決済インフラの「一つの口座　紐づけ」争奪戦が発生しており、スマホ決済インフラ競争の節目を迎えている。

マイナカードは22年度末までにほぼすべての国民がカードを保有することが目標である。足元、4人に1人が保有している。21年に健康保険証（早々に延期が発表

(49) 加盟店手数料も競争状態にあり、引き下げ競争が始まっている。三井住友カードは約2・7％まで引き下げる。

された）、24年度末までに運転免許証との統合も計画され、22年度中にはカード機能のスマートフォン搭載を目指している。

第1章

Introduction of
Settlement Infrastructure

新型決済インフラ

この大きな改革の潮流の中で、新しい決済インフラが登場した。それらを「新型決済インフラ」と名付け、特に、デジタル化との関係を踏まえ、本章では解説する。そして、2024年に発行される新紙幣も解説する。

1 中国の新型決済インフラ

中国のリテール（顧客）向け新型決済インフラは、「スマホ決済インフラ」が主流である。このスマホ決済インフラが普及したため、特に都市部では、ほとんどの中国人は〝現金〟（財布）を持たない。店頭での使い方は、日本と同様でスマホアプリに表示されたQRコードをレジで読み取り、アカウントの残高から支払をする。このQRコードは1分ごとに切り替わり、すぐに使えなくなる。アリペイとウィーチャットペイで中国国内のモバイル決済の〝約9割以上〟を占める。

中国はデジタル化＝情報管理体制が進んでいるといわれており、決済に関しては中国人民銀行を通じて「銀行」の決済を管理してきた。2018年には全スマホ決済を「非銀行支付機構」から「網聯」と呼ばれる新ネットワークに変更して管理している。

（1）アリペイ

アリペイ（Alipay：支付宝）とは、主としてＥＣサイトを運営するアリババグループ（阿里巴巴集団：Alibaba Group：浙江省杭州市）が２００４年に開始した決済インフラ（サービス）である。足元、ユーザー数は約12億人いる。

当初、中国のネット通販でおカネを振込んでも商品が届かないことが多かったり、不良品で返品したくても連絡が付かなかったりするトラブルが続出した。そこでアリババ集団は利用者の「支付宝」アカウントにおカネをチャージさせ、また商品の受渡しや代金の支払が〝確実に〟行われるようにした。

この確実なサービスと還元率の高いポイントサービス、そして様々な金融サービスを行い顧客は一気に拡大した。送金も可能で、おカネを運用（余額宝）することも可能である。また「芝麻信用」（ゴマスコア：Zhima Score）という仕組みがあり、個人の信用をアリババ系の購入（決済）記録[1]から判断し、借入のための信用情報として活用されている。

（1）みずほ銀行系のＪ－スコアで参考としている。

（2）ウィーチャットペイ

ウィーチャットペイ（WeChat Pay／微信支付）（2013年～）は、SNS（微信）・ネットゲーム運営会社のテンセント（腾讯：広東省深圳市）が2013年に始めた決済サービスで、足元、同じく約12億人が使用している。送金サービスもある。2021年にテンセント[2]は、日本郵政やウォルマートと共に楽天に出資した。

（3）銀聯カード

銀聯（ギンレン）カードは、基本的には、銀行の「預金口座カード」である。日本で使う場合には、デビットカード機能とクレジットカード機能を使う。銀聯とは銀行間ネットワーク（決済システム）という意味で、2002年中国人民銀行の指導で設立された「中国銀聯」（China UnionPay）が運営している。発行枚数は約45億枚となっている。銀聯カードは、複数の銀行に口座を持っている場合には、それは別個のカードと認識されるためこの枚数になる。

来日中国人の増加[3]と共に、銀座を始め、日本で普及することになった。それは、中国には現金の持出規制（2万元以上の人民元[4]、または5000米ドル相当以上の

（2）LINEと同様に、国民の財産と安全保障に課題があり、外為法上の審査を受け、実行が数日遅れた。

（3）コロナ禍で中国人の来日も激減した。

（4）紙幣は100元（約1700円）が最高額の紙幣である。マネーロンダリングの観点から高額紙幣を避けている。現在の100元（約1700円）紙幣を最後にデジタル化する予定となっている。

外貨）があって、そのため銀聯カードのデビットカード機能とクレジットカード機[5]能を使用することになった。その後、中国国内で銀聯カードを追い抜いたアリペイとウィーチャットペイが日本を含めた海外でも普及し始めている。

2 スマホ決済インフラ

首相官邸[6]が発表した「成長戦略実行計画」の一項目にもあるが、特に、新型決済インフラの中でも「スマホ決済インフラ」（サービス）の普及・活用を経済政策として推進している。

（1）資金移動業者

スマホ決済インフラである「資金移動業者」についての改正資金決済法が、２０２１年５月に施行され、「類型」が導入された。もともと資金移動業者（スマホ決済インフラ）による送金（支払）は１００万円が限度だった。今回の法改正による

(5) 中国ではデビットカードとクレジットカードの比率は、足元、９：１である。

(6) ２０２０年7月に発表で安倍政権時。

規制緩和で１００万円を超える高額送金も可能になる。

事業者は送金額に応じて（１）少額型5万円以下、（２）現行型１００万円以下、（３）高額型１００万円超――の3類型で認可・登録[7]される。

このうち、少額型と現行型は登録制で、高額型は認可制になっている。認可の方が厳しくなっており、一定の要件を課せられている。少額送金の場合、事業者が利用者から預かったおカネと同じ金額を準備する義務が免除される。

今後も、スマホ決済インフラへの支援は続き、「振込手数料」の値下げ、「全銀システム」への参加などが進められている。

（２）成熟期の競争

主要なスマホ決済インフラ[8]は、PayPay（ソフトバンク）、d払い（ＮＴＴドコモ）、楽天Pay（楽天）、auPAY（ＫＤＤＩ）、LINE Pay（ＬＩＮＥ）、メルペイ[9]（メルカリ）、FamiPay[10]（ファミリーマート）、ゆうちょPay（ゆうちょ銀行）などがある。この業界も競争によって〝成熟期〟に入ってきており、LINE PayはPayPayに統合された。ＮＴＴドコモはメルカリとポイント提携、auPayは共通ポイント：ポンタと統合、またローソンと資本業務提携する。楽天Payは逆に携帯サービスに

(7) 「許認可」には取得難易度順に、免許、許可、認可、登録、届出となっている。

(8) メガバンクではみずほ銀行がＪコインペイやＪスコア（無店舗型消費者金融サービス）を傘下にもっている。

(9) 20年にOrigami（オリガミ）を買収し、社員約7割を削減した。

(10) 21年4月に施行された「改正割賦販売法」で、10万円以下の分割払いを提供する決済サービス事業者の参入要件が緩和され小口金融に参加した。

本格参入するなど、合従連衡が激しい。一般的にスマホ決済インフラは小口の買い物で使用され、クレジットカードは高額決済に使用される。

スマホ決済インフラは、手数料を低くして加盟店を開拓し、利用者に対してはポイント還元を高め・提携を広げ、しかもキャンペーンをテコにしている。さらに、金融や非金融サービス拡充、囲い込みを進め決済データを生かし、経済圏をもった「プラットフォーマー」（スーパーアプリ）を目指す。しかし、利用者が期待しているのは還元ではなく、セキュリティや利便性ではないか。

3 デジタル通貨

「デジタル通貨」（DC：Digital Currency）が注目を浴びている。それは、中国（人民銀行）が「デジタル人民元」[11]の2022年2月の北京冬季オリンピック前の完全導入を目指し、準備しているほか、いくつかの国が導入したからである。デジタル通貨については学者もマスコミも誤解が多いので注意が必要である。

(11)「偽デジタル人民元」も発覚した。

カンボジアとパナマがすでにデジタル通貨を発行した。カンボジアの通貨は「リエル」（Riel）であるが、デジタル通貨「バコン」（Bakong）を、そして、パナマの通貨は「バルボア」[12]（Balboa）であるが、同じく「サンドダラー」（Sand Dollar）を発行した。さらにGAFA[13]の1社フェイスブック（Facebook）の「リブラ」（Libra）[14]（現在[15]では「ディエム」（Diem））等の民間発行のデジタル通貨（正確には電子マネー）の検討が進んでいる。

その影響を受けて、日本銀行も含めた先進国の中央銀行も〝発行する予定はない〟ものの、デジタル通貨の研究はしている。日本銀行は「デジタル円の発行計画はない[16]」と〝明言〟している。

（1）中央銀行デジタル通貨

そもそも、デジタル通貨の「通貨[17]」とは、法的通用性がある貨幣（日本だと円）のことである。一方、「貨幣」とは一般的なおカネのことを指す。つまり「デジタル通貨」とは、中央銀行が発行する通貨をデジタル化したもの、すなわち「中央銀行デジタル通貨」となるのがそもそもの定義であった。

しかし、最近では、その厳密な定義も〝緩み〟、いわゆる「電子マネー」のこと

---

(12) パナマの法定通貨はバルボアであるが、実際にはほとんど流通しておらず、1米ドル＝1バルボアと固定している。日常では、米ドルが流通して（使用されて）いる。

(13) Google、Apple、Facebook、Amazonで「IT プラットフォーマー」と呼ばれるほどの巨大企業である。

(14) このLibraにしても、Diemにしても、通貨についてかなり研究したことが分かる。詳細は第8章にて解説。

(15) 2020年12月に変更した。

(16) 一部の学者やマスコミが間違った発言をしている

をデジタル通貨という向きも出てきて、電子マネーも〝広義〟のデジタル通貨とみなされるようになってきている。

また、仮想通貨は、現在では正式には〝暗号資産〟というが、デジタル通貨とは違い、仮想通貨は、〝通貨〟（単位）と見立てた金融商品であり、通貨のような価格変動がある。しかし、デジタル通貨は基本的には通貨としての価格変動は考えない。日本で発行する場合には、日本の円、あるいは円に固定している。海外の場合でも基本的にはその国の通貨（邦貨：日本だと「円」）で発行する。また、同じく円に固定した仮想通貨は電子マネーと実質的に同じである。

デジタル化（DX）の課題でもあるが、デジタル化の構造は基本的には一緒であり、分散して保有していたデータをデジタル化して集中管理させていくことである。デジタル化の長所は「集中化」していることであり、企業・組織としての判断をより早く的確に下せるという点がメリットである。その点では日本政府が進めているデジタル化も同じである。この点で、この対極にあるのが、分散型管理の「ブロックチェーン」で、そもそも国家なり中央集権型への反対が考え方にあった。

データが「集中化」される場合、個々（個人）の情報が見えてしまうことが、課題である。個人が主体とすると、個人情報を中心機関が持ってしまう。それは個人のは残念である。

(17) 法定通貨（法貨）とも。どこでも使え、破綻しない貨幣。

情報保護（プライバシー）の課題でもある。デジタルの分野ではみな同じ課題を持っている。この点が、先進国では発行する場合に大きい課題である。逆にいえば、中国だからこそできるともいえる。

（2）デジタル通貨の種類

現時点では、〝広義〟では、デジタル通貨には中央銀行が発行するものと、民間の組織（企業）が発行するものと2つある。それぞれ性質が違う点がある。

①中銀デジタル通貨

中央銀行が発行するデジタル通貨で、ＣＢＤＣ[18]ともいう。ほとんどの国では〝中央銀行〟が「通貨」（現金）を発行している。通貨には一般的に紙幣（お札）と硬貨（コイン）がある。

日本の場合は正確には、「紙幣」を見ると「日本銀行券」となっているように、日本銀行が国立印刷局で印刷し発行している。「硬貨」を見ると「日本国」の刻印があるように、正確には政府が発行している。造幣局で製造され、日本銀行に交付されるが、この時点で発行ということになる。

この通貨（紙幣と硬貨）という現金の部分がデジタル化していくということであ

(18) Central Bank Digital Currency

る。そのため、中銀デジタル通貨は、データ（情報）が集中され、国民が銀行に個人口座を開設するように、中央銀行は国民のそれぞれの口座を保有し、管理するのが基本設計である。今回のデジタル人民元で中国はさらに国民の細かい決済（生活）まで管理が可能になる。

実際、現在、導入されているカンボジアやパナマでは、米ドルが流通し自国通貨の流通が少ない[19]、そして経済規模が小さいなど、自国通貨の流通を増加させようとするような特殊要因がある。また、デジタル通貨の導入は、金融やデジタル（IT）の社会的な教育、いわゆる「金融包摂」も目標とされているのである。

中国は2022年北京冬季オリンピックまでにデジタル人民元を発行する予定である。また、貿易決済で使用し、途上国への普及を進める。しかし、中国デジタル人民元になったとしても人民元の国際通貨としての地位向上は限定的で、資本規制があり、相場[20]がコントロールされるため、基軸通貨になる可能性は低い。

また、中国は2021年1月、国際的な決済ネットワーク（インフラ）のSWIFT[21]（国際銀行間通信協会）と合弁会社を設けた。中国側は人民銀のデジタル通貨研究所や人民元の国際銀行間決済システム（CIPS：詳細後述）などが参加する。SWIFTが合弁会社の55％の株式を保有する。しかし、通貨そのものが中央集権

(19) 米ドルの流通が多い。

(20) 「基準値」が中国人民銀行によって毎朝、設定されている。相場実勢の提出を求め加重平均するというのが算出の公式見解であるが、運用には恣意的な面が残る。

(21) Society for Worldwide Interbank Financial Telecommunication

的にデジタル化すれば「電文」の発信機能の意義がなくなる。中国の目的は国際標準であるＳＷＩＦＴの影響力を生かしたデジタル人民元の国際化といわれている。

タイ中央銀行は国内卸売りの大口決済でデジタル通貨「インタノン」(Inthanon)を試験的に使っている。小売りにも対象を広げる予定である。デジタル化を積極的に進めている小国スウェーデンが「ｅクローナ」の検討を進めている。

②民間デジタル通貨

最近では、デジタル通貨という言葉は、いわゆる（邦貨：日本だと円建て）電子マネーにも使用されている。民間企業が発行する電子マネーをデジタル通貨とする表現の使い方はそもそもでいえば違う。さはさりながら、世の流れによって、定義や意味も変わっていくものであり、民間企業発行の電子マネーのことをデジタル通貨と呼ぶことも認めなければならない。

日本でも３メガバンクやＮＴＴグループなど30社超が組み、２０２２年にもデジタル通貨の共通基盤を実用化する改革が進行している。デジタル通貨はスマートフォンなどで受け取れ、既存の電子マネーとの交換機能を備える。業界の垣根を越えた決済基盤を整え、企業間取引のデジタル化にもつなげる。

自治体による景気対策として、「プレミアム商品券」の代替で「デジタル地域通貨[22]」も広がっている。

(3) デジタル通貨の課題

実証実験も進んでいるが、中央銀行が口座を持つ直接型、さらに銀行などを仲介に使う間接型がある。間接型にも銀行に口座を持つデビットカードとしての「口座型」と、電子マネーとしての「トークン型」がある。直接的でも間接的でも、レベルは違うとはいえ、結局は中央銀行に全国民の口座を持つ基本設計は変わらず、実質的には、中国などの管理社会でないと不可能といえる。

それでも発行した場合を検討し、可能性があるとすれば、銀行に口座を持つ「口座型」と考える。預金口座に通常の民間銀行の預金口座と中央銀行の預金口座の〝2つ〟がある状態となる。現在は低金利で利息というものを意識しないが、民間銀行の預金よりも、中央銀行預金の金利が低いという状態になる。要は、企業（銀行）の〝信用〟の問題ということである。デジタル通貨（中央銀行の預金）と民間銀行の預金で、国債と社債のような関係が発生すると考えられる。その場合、日本の現状だと、デジタル通貨の預金金利は〝マイナス〟になる可能性が高い。一応、〝ノーリスク〟の預金ということになるからである。

(22) 「ポイント」も付加する。「日本ユニシス」がこの分野では実績を残している。

さらに、民業圧迫、マネーロンダリングの観点から、金額への上限設定という向きがあるが、それこそ〝意味がない〟。デジタル通貨は現金と同じものとする大前提があり、現金保有に制限が必要かという話である。

4 仮想通貨・ブロックチェーン

先の資金決済法の個所でも触れたが、仮想通貨[23]は、金融庁は2020年5月に施行した改正資金決済法で「暗号資産[24]」に名称変更した。しかし、本書では一般的に仮想通貨という名称の方が浸透しており、誤解ないものと考えられるので使用する。足元、仮想通貨は3000を超えている。様々な事件が発生したが、記事やコマーシャルによって、投資対象としては外国為替（通貨）の様にも感じられ一般化しつつある。

投資対象として見た場合に、最近、価格の上昇が著しい。ビットコインで見た場合、足元、1ビットコイン＝約6百万円を超え、この1年で約6倍に上昇している。

(23) Virtual Currency
(24) Crypto Asset

金融庁、消費者庁、警察庁は、以前より以下のように注意点をあげている。

《暗号資産を利用する際の注意点》

○暗号資産は、日本円やドルなどのように国がその価値を保証している「法定通貨」ではありません。インターネット上でやりとりされる電子データです。

○暗号資産は、価格が変動することがあります。暗号資産の価格が急落し、損をする可能性があります。

○暗号資産交換業者は金融庁・財務局への登録が必要です。利用する際は登録を受けた事業者か金融庁・財務局のホームページで確認してください。

○暗号資産の取引を行う場合、事業者が金融庁・財務局から行政処分を受けているかを含め、取引内容やリスク（価格変動リスク、サイバーセキュリティリスク等）について、利用しようとする事業者から説明を受け、十分に理解するようにしてください。

○暗号資産や詐欺的なコインに関する相談が増えています。暗号資産の持つ話題性を利用したり、暗号資産交換業の導入に便乗したりする詐欺や悪質商法にご注意ください。

英国の金融行為監督機構（ＦＣＡ）[25]も暗号資産（仮想通貨）への投資リスクに注意を促す声明を出し、「投資する場合は資金を全て失うことを覚悟しなければならない」と強調した。代表的な仮想通貨のビットコインが史上最高値まで急騰後に乱高下するなか、投機性の高さを十分に理解するよう警告した。一部で「無国籍通貨」ともいわれているが、実際は、通貨ではなく民間の金融商品であり、誤解のある表現である。

今までビットコインのブームは3回目である。第1波は２０１３年に〝キプロス〟を襲った金融危機の時で、ロシア（非居住者）の投資家が大量購入した。第2波は２０１６～18年初めで、主役は中国と日本で、まず中国の投資家が大量購入した。中国が取引を禁じると日本の個人投資家が台頭し、約6割は日本円であった。その後、日本では仮想通貨交換会社の大量流出事件とその後の規制強化でひと段落した。今回が第3波で米ドル（米国）からの流入が7割を超える。

この仮想通貨を支えるシステム（仕組み）として「ブロックチェーン[26]」があり、基本的な仕組みとして「分散型管理台帳技術」（ＤＬＴ[27]）を活用した。このブロックチェーン（分散型管理台帳）とは読んで字の如しであり、個々のデータベース（台帳）をつなぐ、という構造になっており、その形態がブロックをチェーンでつ

(25) Financial Conduct Authority

(26) Blockchain

(27) Distributed Ledger Technology

などという形に似ているからである。

分散化はデジタル化（中央集権化）とは〝逆〟の流れである。中央管理機関がなく「改ざん」ができないという仕組みが強みのはずであった。ブロックチェーン技術は一時期、過度な盛り上がりを見せていたが、システム業界の言葉でいうと〝枯れてきて〟[28]、その役割を固めている。

要は単純な取引を早く多数行う「決済」には向いていないが、取引を長く管理する「貿易」のような取引には向いている。つまり、使い分けができてきた。

しかし、スマホ決済インフラと同様に、２０１８年1月仮想通貨交換所「コインチェック」がハッキングされ５８０億円の不正出金が発生するなどし、また5月には取引履歴がすり替えられる事件が起き、ブロックチェーン技術そのものが標的になるなど、相次ぎ事件が発覚し、一部にあった安全神話に陰りが見えた。

さらに、最近ではビットコインを始めとした仮想通貨は、マイニング（承認）の過程で大量の電力を使うなど環境負荷が重い[29]。石炭火力発電による安価な電気が得られるイランや中国の新疆ウイグル自治区、カザフスタンなどで行われている。また、北朝鮮は、暗号資産（仮想通貨）交換業者などへのサイバー攻撃などで多額の収入を得ているともいわれている。

---

(28) 事例が豊富に登場し、使い方が明確化された、という意味である。

(29) 環境企業と考えられていた米国電気自動車会社テスラがビットコインを大量に購入したことによって、環境面を重視した投資家が売却し株価が下落した。

5 新通貨・新貨幣

日本では「現金」（紙幣・硬貨）に対する〝信頼〟が高い。経済産業省の「キャッシュレス・ビジョン」（2018年）によると日本の決済（モノの購入）においては〝約8割[30]〟が現金とされている。

足元、現金が約120兆円で、日本の経済規模（GDP）が約500兆円としても、現金比率はその約25％となっている。特に、この現金（キャッシュ）比率もそうであるが、経済的な状況は、それぞれの国での歴史や文化、商習慣など様々な理由がベースとしてある。

(1) 現金決済比率

現金決済比率が高い理由は、日本は高度な紙幣・硬貨の製造技術を持ち、偽札比率が低いこと、銀行を始めとした金融機関の事務処理能力が高いこと、また特に年配の方が、昭和金融恐慌のときの銀行取付け騒ぎ（1927年）や第二次世界大戦

---

(30) この比率には、金融庁所管の銀行の口座振替や銀行振込が含まれていない。口座振替や銀行振込を入れると約5割ともいわれている。

後の預金封鎖（１９４６年）の記憶があること、などである。

また、そもそも現金は無記名であり、マネーロンダリングを始めとした犯罪や脱税に使われやすい。特に高額紙幣の方がその傾向が高い。世界最高額の紙幣シンガポールが1万シンガポールドル紙幣（約80万円）の発行を２０１４年に停止し、また欧州では５００ユーロ（約６万５千円）紙幣の廃止を２０１９年に決め、回収を進めている。米国でも１０００ドル（約10万円）以上の紙幣は１９６９年に流通を停止された。米国は１００ドル札の廃止も検討されている。

一方、独自の高額紙幣の政策を進めているのがスイスで、２０１９年に１０００スイスフラン（約12万円）紙幣が新調された。

（2）タンス預金

現金関係で問題になるのは、家庭内で保管されている現金、いわゆる「タンス預金」である。足元、約60兆円といわれており、現金の〝半分近く〟がタンス預金となっている。このタンス預金が良くない理由は、現金（おカネ）は〝経済の血液〟であり、いわゆる血の巡りが悪くなっていること。犯罪や脱税に関係する可能性があること、などである。このタンス預金が少なくなるだけでも経済成長につながる。

現金は、銀行預金の振込などと違って無記名であり、現金の受け渡しによって、決済が行われる。この無記名という部分が、マネーロンダリングなどの犯罪や脱税に使われる可能性があるのである。

(3) 20年ごとの刷新

日本では、約20年に1回、現金(紙幣・硬貨[31])が新しく発行[32]されることになっている。これは、新しい技術を使い、最新の偽造防止策を取り入れて偽札[33]を防止すること、タンス預金を削減する(あぶり出す)ことなどが目的である。

また日本はバングラデシュ、スリランカ、ニュージーランドなど海外[34]の紙幣の印刷も請け負っている。そのため、高い技術力を内外に示すことも重要である。

この約20年の周期で、特に重要なのは硬貨の方である。それは、紙幣と比べて硬貨の方が、人の技術(原版の手彫り)による部分が多いので、人的に〝伝承〟することが必要不可欠だからである。今回、硬貨は500円のみが2021年11月から導入される。

今後も20年ごとの新しい現金の発行が続くと考えられる。今回の新しい紙幣が2024年なので、この次は、さらに20年後の2044年ぐらいになることが予定さ

(31) 今回は硬貨では500円玉だけが新しく発行される。

(32) 紙幣だと改刷・改札、硬貨だと改鋳という。「改鋳」だと、金属の含有率を変える意味合いが強い。

(33) 「通貨偽造」は罪が重い。

(34) インドやベトナムなどは日本製の機械で紙幣を印刷している。

れる。

いずれにせよ、各国の現金の代行発行は、日本の重要な強みを持った〝産業〟であり、今後も成長が期待できる。しかし、それは世界の通貨のデジタル化まで、すなわち、日本におけるＡＴＭの増減と似たカーブを描こう。

コラム❶——紙幣と硬貨

決済インフラとして「現金」は重要な役割を持っている。現金には、一般的な表現では、紙幣と硬貨がある。紙幣と硬貨はもちろん現金という意味では同じであるが、いろいろと違うところがある。

本文にも書いたが、紙幣が日本銀行券、硬貨が日本国と刻印がある。また違いとしては、硬貨には製造年号が入っているが、紙幣にはない。これは硬貨の金属は半永久的に使用できるのに対し、紙幣は紙であり、平均5年程度しか使用に耐えられないからである。

コイントス（硬貨を投げて裏表を確認する行為）も行われているが、紙幣の表は人の顔、硬貨の表は図柄がある方が表（年号がある方が裏）となっている。お年玉を始めとして現金を封筒に入れるときには、表を上にして入れることになっている。

現在、新紙幣・新貨幣の準備が進んでいる。新貨幣は500円玉だけが、2021年11月に発行される。新紙幣は2024年に発行され、現在の紙幣の人物は、千円が野口英世、5千円が樋口一葉、1万円が福沢諭吉となっている。新紙幣では、それぞれ北里柴三郎、津田梅子、渋沢栄一となる。

紙幣の人物は、通貨行政を所管する財務省、発行元の日本銀行、製造元の国立印刷局で協議の上、最終的には日本銀行法にあるように財務大臣が決定する。最近では、日本の明治以降に活躍した有名で立派な文化人で、死亡しており、（髭や髪で）詳細な肖像が偽造困難であること等である。

現金の変更は日本では約20年ごとに行うことになっている。24年に発行が予定されている新紙幣の渋沢栄一はＮＨＫ大河ドラマの主人公であることもあり、ブームとなっている。世界や日本のデジタル化の潮流の中、今回の新紙幣が最後となる可能性がある。最初の銀行を設立するなど、日本の金融制度を創設した渋沢栄一が、最後の紙幣の肖像になるかもしれないのも運命を感じる。

第2章 決済の基礎

Introduction of
Settlement Infrastructure

「決済インフラ」やそもそもの「決済」を理解するときに必要不可欠な〝基礎知識〟について解説する。決済インフラには、日本銀行や銀行間の決済システム[1]から、銀行などの金融機関、そしてスマホ決済インフラ、さらには現金までを広く含み、様々な用語を使う。金融業界の中でも用語が違うことがある。たとえば、銀行と証券でも違うので注意が必要である。

1 決済と為替

現代社会において商取引が行われると、基本的に「貨幣経済」であるため、対価として〝おカネ〟(通貨)を支払う。それは、紙幣等の「現金」の受払の時もあるし、銀行等に保有する預金口座を使った電子的なおカネの受払(振込)の時もある。このような商取引に基づくおカネ等の受払のことを「決済」という。この決済の時に使用されるおカネ(現金や預金)のことを「決済手段」という。

そもそも、「決済」とは「商取引の最終段階」であるが、その対価は、物品や金

(1) 〝銀行(金融機関)〟間の決済インフラ。

融商品などのモノや、サービスのこともあり、借金の返済のような金銭債権などの契約（約束）のこともある。いずれにしても、決済により関連する債権・債務の関係は無くなる。

なおここで解説しているのは、金融業界の一般的な「決済」の解説であるが、フィンテックやスマホ決済インフラの業界では用語が少し違う。フィンテック業界では「決済」とは〝モノの購入〟の時の支払のことをいう。おカネの〝送金〟（振込）は「支払」という。

「為替」（カワセ）[2]とは、実は〝交（か）わす〟、〝遣（つか）わす〟の当て字であり、そもそも紙などであった「為替手形」[3]（小切手や手形）による決済の方法であった。受取った商人などは、〝両替商〟[4]に持ち込んで現金化した。

このように為替と決済とは厳密には違う。つまり、決済には、「現金」によるものと「為替」によるものの二つがある〈図表２－１〉。

銀行における為替業務は、預貸（預金・貸出）業務とともに「銀行法」における「固有業務」となっている〈図表２－２〉。以前[5]では、日本ではこの為替業務を銀行以外の者が行うと、いわゆる「地下銀行」となり、犯罪となった。この為替業務関係の法律や商習慣は各国による差が特に大きい。

---

(2) 当て字であるせいか、なかなか読めない。

(3) 英語だとDraftである。外国為替で今でも使われている。

(4) 「銀行」の始まりは両替商（為替業務）であった。預金・貸出の預貸業務ではない。

(5) 資金決済法が２０１０年に施行される以前。

図表2－1　決済の分類

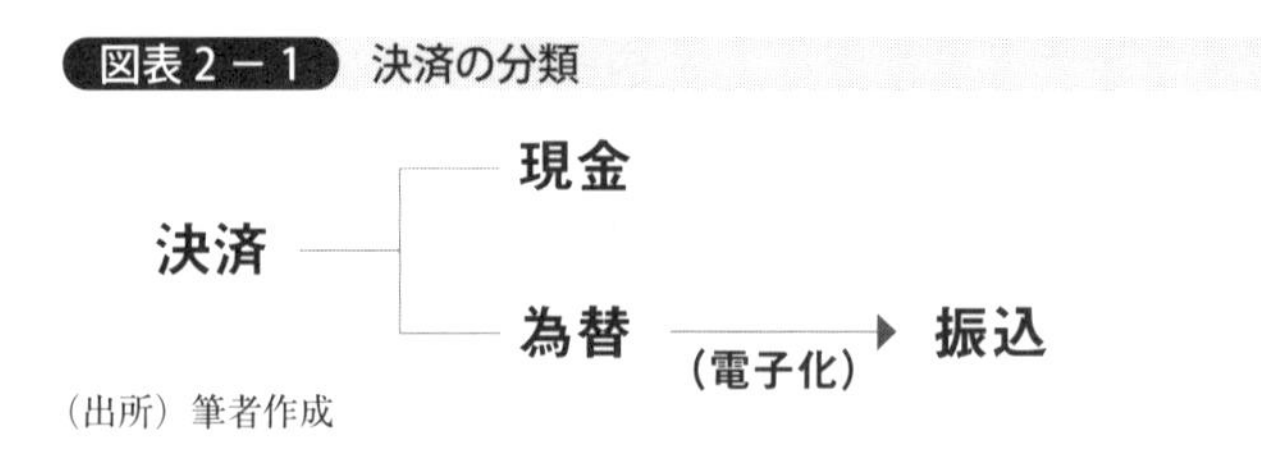

（出所）筆者作成

図表2－2　銀行法における固有業務

固有業務（銀行法第10条第1項）
- 預貸業務（預金・貸出）
- 為替業務

（出所）筆者作成

為替は、かつては遠隔地間でこそ行われていたが、それを電子化したものが、銀行間の「振込」である。銀行・信託・貿易などの金融制度は14世紀ごろのイタリアで発達したといわれているが、この為替の制度も、遠距離決済の代行を行う「コルレス契約」[6]（詳細後述）も、中世イタリアの地中海貿易や同時期に行われた〝十字軍〟関連の遠距離の送金によってその基盤ができたともいわれている。

今まで「決済」関係業務、また決済インフラは経済や金融において重要な役割を持ちながらも、銀行でも、金融の中でも裏方的な業務（事務）とみなされたことは否めない。しかし、最近

（6）Correspondent Arrangement

は「決済」（インフラ）に対する注目が格段に上がっている。理由は以下の通りである。

①決済量の増加

経済の拡大、国際取引、特に国際投資の増加（投資が国際決済の約97％）[7]、金融市場の発展、特に、新興国の経済発展、そして、先進国の量的金融緩和によって、決済の件数と金額が増加していること。さらには、最近のスマホ決済インフラの取引も登場し増えている。

②ＩＴ[8]の発展

ＩＴ（情報技術）の発展によって、特にスマホの発展などによって、フィンテックといわれるような電子マネーや仮想通貨など「新型決済インフラ」が誕生した。フィンテックは基本的にはリテールの分野であるが、特に「スマホ」の登場が重要な要因である。

③決済リスクへの注目

大きな決済改革は、リーマンショック・欧州債務危機等の金融危機が発生し、特に決済が実行されず世界の金融システムに与える影響が大きい銀行（Ｇ－ＳＩＢＳ）や銀行制度における決済リスクが注目されたこと。

(7) 貿易は約３％であり、もはや、為替相場に与える影響は極めて小さくなっている。

(8) Information Technology

さらに最近では、金融機関間の決済を司る決済システムが十分に高度化したため、銀行間の決済リスクから、新型決済インフラによる個別の顧客（リテール）に関する決済リスクに注目が移行している。

④規制の緩和

日本では、②のＩＴの発展と相俟って、資金決済法の施行や金融に関する法律の規制緩和などによって、参入や新型決済インフラが可能になってきたこと。

⑤規制の強化

④と表面的には逆行するが、Ｇ20やＦＡＴＦ（マネーロンダリングに関する金融活動作業部会）（詳細後述）などで、マネーロンダリングや反社会勢力に対する規制（犯罪対策）が強化されたこと。

⑥政策への織り込み

さらに、政府の「成長戦略」の経済強化・生産性向上の政策として「決済」が織り込まれ、全国銀行協会などを始めとして金融界も対応していること。特に「キャッシュレス戦略」や「デジタル化」そのものを日本政府として進めていること。

2 決済システム

「決済システム」とは、基本的には、銀行など〝金融機関〟間の決済を円滑に行うためのシステム（制度）である。決済システムを所管する日本銀行[9]による定義では「決済を円滑に行うために作られた仕組みを、一般に『決済システム』と呼ぶ。決済システムには、コンピューターやネットワークなどの物理的な仕組みのほか、決済に関する契約・慣行上のルールや、場合によっては関係法令も含まれる。また、一国の決済の仕組み全体を総称して決済システムと呼ぶこともある」となっている。

現在、一般的に「決済」というと、現金を始め、銀行を介した手形・小切手や振込等の決済（為替）のほかにも、電子マネー、仮想通貨、デビットカード、クレジットカードや電子記録債権など、主として個人（リテール）であるが、企業なども含めて様々な新型決済インフラが誕生し、発展している。

「決済インフラ」の〝インフラ[10]〟とは、公共性の高い、重要な社会基盤のことである。決済インフラも、現代社会や経済において無くてはならないものである。

---

(9) 金融業全体の所管は金融庁であるが、決済分野の主たる所管は日本銀行である。

(10) Infrastructure

決済インフラにおける（経営）判断基準は、銀行などの金融業務[11]とは違い、①堅確性（確かにやるか：Certainty）、②効率性（便利か：Efficiency）、③経済性（安いか、いわゆるコスト：Cost）の3点である。

それは、製造業などの〝装置産業〟の考え方に近い。さらには、通貨・証券（国債・株式）などの決済の機能は、金融機関のみならず〝日本の金融〟の強さの一つにもなっている。日本の決済システムを始めとした決済インフラはその機能からいって、すでに世界最高峰のレベル[12]となっている。

本書『決済インフラ入門（初版）[13]』（2015年刊）では、一般的に金融機関間の決済を行う「決済システム」とリテール分野も含めた「決済サービス」（仕組み）や、さらに自身で決済も行う銀行などの〝金融機関〟そのものも含め、広く「決済インフラ」と名付けた。「決済インフラ」はその〝インフラ〟の名前の通り、社会的・公共的な経済・金融の基盤であり、その階層的なインフラを包括的に解説した。『決済インフラ入門〔2020年版〕』では、世界の決済システム改革や、特にフィンテックなどの新型決済インフラを中心に解説・予想[14]した。

「決済インフラ」を理解する時に必要な「基本知識」としては以下のものがある。特に金融機関の決済システムで使われる用語であるが、業界を越えても重要さに変

(11) たとえば、融資業務など。

(12) 一部に、決めつけ的に西洋の先進国信仰があるのは残念なことである。その目的によって冷静に評価すべきである。

(13) 『決済インフラ入門』では初版が2015年、改訂版が2018年に刊行された。今回の改訂が3冊目（3回目の〝版〟）となる。

(14) ほぼ、その予想通りになっている。

わりはない。最近では、改革が進んでおり、より高度化した決済が行われている。

①主体：中央銀行・民間（銀行協会等）

②手法：グロス（Gross：支払指図1件ごとの決済）・ネット（Net：多数の支払指図の差額決済）

③時点：即時（Real Time）・時点（Designated Time：決められた時点[15]）

④金額：大口（Large Value）・小口（Small Value）：境目の数値の規定はないが、一般的には100万ドル（1億円[16]）程度といわれている。

⑤決済日：当日（T＋0）・翌日以降か（T＋1、T＋2、……）このTというのはTrade[17]の略で、取引した日を指す。特に、証券決済の場合に決済日が当日ではないことがある。

まとめると以下のようになる〈図表2－3〉〈図表2－4〉。

一般的に、中央銀行決済システムは、RTGS[18]（即時グロス決済）、また民間決済システムは、DTNS[19]（時点ネット決済）となることが多かったが、その仕組みは改革されている。

決済完了性の付与は、中央銀行の当座預金口座で決済することがその前提となるが、中央銀行への口座の〝保有（開設）基準〟についても、各国の中央銀行[20]の制度

(15) 1日1回・決済システム終了時が多い。

(16) 全銀システムでも1億円以上の取引を大口決済として、扱いを分けている（詳細後述）。

(17) 特に証券取引の時の用語である。

(18) Real-Time Gross Settlement

(19) Designated-Time Net Settlement

(20) 金融の教科書では中央銀行は各国同じように書いてあるが、目的を始め中央銀行はそれぞれ違う。

図表２－３ 決済システムの分類

主　体	中央銀行	民　間
手　法	グロス	ネット
時　点	即　時	時　点

（出所）筆者作成

図表２－４ 決済方式による決済リスク消滅策（イメージ）

単純型決済	→	１件１件を即時に
価値交換型決済	⇄	交換の時間をゼロに

（出所）筆者作成

によって様々である。そもそも新型決済インフラと比べて銀行への口座開設も厳しいが、さらに、中央銀行となると、それ以上にかなり厳しい。特に、イギリスが厳しく、一般的に「銀行」以外は中央銀行に口座を保有することができない。決済システムの口座も同様で、欧米では資金決済システムも証券決済システムも、〝銀行免許〟を保有しているのはこのためである。外為決済リスクを削減するための決済システムであるＣＬＳ銀行（詳細後述）も同様で、各国の中央銀行ＲＴＧＳ決済システムで口座を開設するために、銀行免許[21]を取得し「ＣＬＳ銀行」という名称も持っている。

(21) 日本における銀行免許取得の対応は１９９６年、筆者が行った。

日本の場合、日本銀行に当座預金口座を開設しているのは、主として金融機関等で、ほかに、外国の中央銀行や国際機関等が「預り金口座」を開設しているが、個人や一般企業からの預金は受け入れていない。

この中央銀行への口座開設が、銀行を始めとした金融機関が参加している決済システム[22]に、フィンテックを始めとした新型決済インフラなどの企業が参加する時の必要条件ともなっているが、極めて困難であり、銀行が〝新しい形〟で代行することが予想される。

3 二つの決済の仕組み

決済には「単純型決済」と「価値交換型決済」があり、それを分けて考えることが重要になる〈図表2－5〉。

①単純型決済[23]

振込（送金・支払）に代表される〝単線〟の決済のこと。リスクの観点では、一

(22) たとえば全銀システムなど。

(23) 実は「単純型決済」の場合でも、たとえば振込を行うのは何かの〝理由〟があり、その理由は〝債務〟といえるものである。つまり、実は単純型決済もその本質では「価値交換型」決済なのである。

図表2－5　二つの決済の仕組み（イメージ）

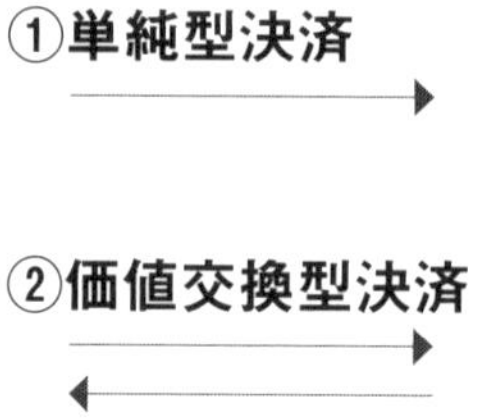

（出所）筆者作成

つの決済だけを考えればよい。現金の〝単純な受渡し〟もこちらに入る。

②価値交換型決済

これは、証券決済や外為決済（2通貨の決済）のように、二つの金融商品の1組の決済が発生する〝組み合わせ〟の決済のこと。二つの決済との関係を考えなければならない。実はこの交換型決済の方が、決済リスク（いわゆる取りはぐれリスク）の管理が困難であり、注意しなければならない。たとえば、現金でモノを購入するときには、こちらの価値交換型決済になる。

また、貨幣（通貨）の交換などの「両替」（Exchange）は価値交換型決済であり、実は歴史的に見てイタリアでも日本（江戸時代）でも、〝銀行〟はこの「両替商」（為替）業務が起源となっている。

図表2－6　決済の階層構造

中央銀行（決済システム）
民間決済システム
　├── クリアリングバンク（コルレス銀行・カストディアン）
銀行
　├── 決済代行会社（システム）・IT企業
企業
　├── 様々な決済手段
顧客（個人・企業）　※直接、銀行接続の場合もあり

（出所）筆者作成

4 決済ヒエラルキー

そもそも、決済（為替）を始めとした銀行業務は、顧客の「代行」という基本的性質を持っている。そのため決済手段ごとに、顧客（個人・企業）から、新型決済インフラ、銀行（金融機関）、クリアリングバンク、そして銀行間の決済システム（後述）や中央銀行（決済システム）を最終にした「ヒエラルキー」（階層構造）を作り上げている〈図表2－6〉。中央銀行の決済は、最終的・不可逆的なもので、完了性（ファイナリティ：Finality）（詳細後述）を持っている、つまりは、何があっても組戻しや

返金などはされないということである。これが金融のみならず経済全体の信用のベースとなっている。

さらに銀行本体の取引にも「インターバンク決済」と「顧客決済」の分類があり、その分類に近いが「ホールセール決済」と「リテール決済」という分類[24]もある。

決済において「銀行」の役割は非常に重要である。日本では電子マネーやスマホ決済など新型決済インフラの取引が増加しているとはいっても、様々な決済の仕組みは「銀行預金(口座)」がベースとなっているからである。

5 中央銀行の役割

(1) 現金通貨[25]の供給

日本銀行法(中央銀行法)に基づき、日本銀行は、日本で唯一「銀行券」(紙幣)を発行する〝発券銀行〟である。実際には日本銀行券は、(独立行政法人)国立印

(24) 大口決済・小口決済に近い。

(25) 正式には、紙幣は日本銀行法上で「日本銀行券」(銀行券)、硬貨は通貨法によって「貨幣」と定義(明記)されている。日本銀行などはこの用語を使用している。

刷局によって製造され、日本銀行が費用を支払って引き取る。日本銀行の取引先金融機関が日本銀行の当座預金を対価にして、日本銀行券を受け取る時に〝発行〟されたことになる。

また、補助通貨「貨幣」（硬貨）[26]は、表面に「日本国」とあるように日本銀行ではなく、「政府」が発行する。（独立行政法人）造幣局が製造した後、日本銀行へ交付されるが、この時点で貨幣が発行されたことになる。

硬貨には年号が入っているが、紙幣には年号が入っていない。これは、硬貨は何十年も、半永久的に使用可能であるのに対して、紙幣は約5年で使用に耐えられなくなるからである。

（2）決済完了性の供給

金融機関における決済の重要な定義（概念）に「決済完了性」（ファイナリティ[27]）がある。これは法律的に「決済が〝完全に〟終了した」ということである。逆に〝不完全に〟とは、たとえば、相手の企業から小切手を受け取って決済したつもりであったが、銀行に持ち込んで現金化する前に相手企業が倒産したケース[28]（民間の主体が入っている場合）や、発展途上国などで法律が未整備であったりすると、一

(26) 「〜円玉」ともいうが、この「玉」とは球状のものではなく、大切なものという意味もある。「お年玉」などと、使われている。

(27) Finality

(28) 中継銀行が倒産やトラブルが発生したケースも。

図表2－7 決済完了性（ファイナリティ）を持つ決済

①現金（紙幣・硬貨）

②中央銀行 当座預金

（出所）筆者作成

度受け取ったおカネを返還しなければならなくなるケース等がある。これらのリスクを完全に回避するためには以下の二つの方法がある〈図表2－7〉。

①現金（紙幣・硬貨）の受領

②中央銀行（日本銀行）の当座預金の受領

中央銀行の当座預金での受領とは、実質的には「決済システム」の最終決済が日本銀行の当座預金経由で行われることにより実現できる。日本銀行の当座預金は、現金として引き出すことが可能であり、現金と同等と考えて構わない。

つまり、中央銀行に開設された銀行（金融機関）の当座預金口座でおカネを受け取るということが、決済完了性を持つことである。これはほとんどの国[29]においてその決済完了性が法律で規定されている。ここが信用の最後の拠り所となっている。

（3）流動性の供給

金融・決済の分野における「流動性」ととは〈銀行口座におけ

(29) 新興国の場合、確認が必要である。

る）〝資金〟を指す。中央銀行は現金の発券銀行であると同時に、金融機関に対し資金（流動性）供給も行う。

中央銀行においては、金融政策としての資金供給（金融緩和など）も行うが、決済分野においては〝日中〟に口座への流動性供給、すなわち資金不足（残不足）[30]になって決済が止まった時、その金融機関の口座に日中（その日のうちに回収）、一時的に貸出を行って（決済システムにおける）決済を〝円滑に〟回すことも行っている。

（4）民間決済システムの決済

民間の決済システムの〝最終決済〟（決済尻）の振替は、中央銀行に開設した民間金融機関の口座を使って行う。中央銀行の口座において最終決済が行われた時に、民間の決済システムの全取引が決済完了性を持つのが基本的な考え方である。最近では改革が進み、その民間の決済システムの仕組みによって、一本一本の支払に即時に決済完了性を持たせるものも多い（詳細後述）。

---

(30) 日中赤残：日中O／D（Over Draft）ともいう。

決済関連の関係官庁

フィンテックや企業ポイントなど新型決済インフラを始めとして、〝金融〟の範囲が広がりつつあり〝横断的〟な法律や行政の見直しが図られている。それは同時に省庁の「所管」[31]（担当）の問題も発生し、今までの省庁の枠を超えてきている。そのため、省庁、そして法律も、銀行（預金取扱機関[32]）だから、証券会社だからという枠組みではなく、商品や分野によって〝横断的〟に対応する方向である。

（1）金融庁[33]

日本においては「金融庁」（FSA[34]）が金融業の監督官庁である。「銀行法」に基づき銀行免許を始めとした、金融機関の免許・認可・届出の権限を持っているほか、特に金融機関に対する〝検査〟や監督の権限もある。また、「資金決済法」など決済関係の法律も所管・執行している。

---

(31) 免許を始めとした許認可や指導など。

(32) 現在は、「預金」を取り扱う銀行や信用金庫などを預金取扱機関という。

(33) 金融庁と財務省の業務は、以前は大蔵省で行っていた。大蔵省は2001年まで存在した。

(34) Financial Services Agency

（2）財務省

決済を始めとした金融で、国際的な金融取引（国際金融）の分野は、「財務省」（ＭＯＦ）[35]の所管になる。また、通貨当局（Currency Authority）というと、日本では財務省と日本銀行を指す。

（3）日本銀行

「日本銀行」（ＢＯＪ：Bank of Japan）は日本の中央銀行である。日本銀行には、銀行を始めとした金融機関の当座預金（日銀当預）がある。金融機関間の決済の根幹となる決済システム：日銀ネットを運営していることもあり、特に決済業務については、主として日本銀行の担当となっている。

日本銀行も、金融機関に対する〝考査[36]〟を行うが、日本銀行に当座預金を保有する場合に結ぶ「考査契約」に基づくものであり、免許に基づき行政権限の行使として金融庁が実施する〝検査〟とは異なる。

日本銀行は、日本銀行法（第1条）にあるが、円滑な資金決済の確保を図ることを通じて金融システムの安定に貢献することを、物価の安定と並ぶ目的としている。

---

(35) Ministry of Finance

(36) 金融機関の負担軽減のために「検査」と「考査」の一体運営が検討されている。

金融システムは金融機関や金融資本市場、決済システムから構成されている。

（4）ＢＩＳ（国際決済銀行）

「ＢＩＳ」[37]（国際決済銀行）は、スイスのバーゼル（Basel）[38]にあり、〝中央銀行間の協力促進のための場を提供し、中央銀行からの預金の受入れ等の、中央銀行を顧客とした銀行業務にも対応する国際機関である。ＢＩＳは決済の安定や市場の整備のために、決済・市場インフラ委員会（ＣＰＭＩ）[39]、グローバル金融システム委員会（ＣＧＦＳ）[40]、市場委員会（ＭＣ）[41]、およびバーゼル銀行監督委員会（ＢＣＢＳ）[42]等の各委員会を運営している。特に決済・市場インフラ委員会は「決済システム」の改革を推進している。

（5）経済産業省

「経済産業省」（ＭＥＴＩ）[43]は、企業・産業を所管するため、クレジットカード（割賦販売法）[44]や、企業通貨（企業ポイント）やプレミアム商品券など、「企業」が関係する決済を所管している。また、商工中金（商工組合中央金庫）は経済産業省が所管する特殊法人である。最近では「フィンテック」もそうであるが、特に

---

(37) Bank for International Settlements

(38) 中立国であったスイスで、ドイツとフランスの国境に近い場所に位置する。これは、中世では国を越えた決済は馬車で「金」(Gold) を運んで行われていたという物理的な条件から好都合だったことによる。

(39) Committee on Payments and Market Infrastructures

(40) Committee on the Global Financial System

(41) Markets Committee

(42) Basel Committee on Banking Supervision.「ＢＩＳ規制」とは１９８８年バー

「キャッシュレス化」も推進している。

（６）国土交通省

「国土交通省」（ＭＬＩＴ）[45]は、〝航空会社〟を所管するということで、航空会社が取り扱う「マイレージ・サービス」（ＦＦＰ）[46]を始めとした「企業通貨」等も所管する。

（７）警察庁

「警察庁[47]」（ＮＰＡ）は、最近、特に決済分野で重要な役割を果たし、社会問題となっている「特殊詐欺」などの犯罪の取り締まりを行う。さらに、重要なテーマであるマネーロンダリングの防止を目的とし、犯罪収益移転防止法の施行の中心的役割を果たす組織「犯罪収益移転防止対策室」（ＪＡＦＩＣ）[48]がある。さらに「質屋」や「古物商」の所管官庁である。この業界もマネーロンダリング取締りの対象となっている。

ゼル銀行監督委員会で合意された、銀行の自己資本比率規制のこと。

(43) Ministry of Economy, Trade and Industry

(44) 貸金業は金融庁の所管である。

(45) ２００８年観光庁発足にあわせて「観光」を意味するtourismを加え、Ministry of Land, Infrastructure, Transport and Tourismとなったが、英語略称はＭＬＩＴのままにした。

(46) Frequent Flyer Program. ロイヤリティ・プログラム（Loyalty Program）とも。

(47) National Police Agency. また、「警視庁」（ＭＰＤ：

コラム2 ―― 国際通貨だった円

円の旧字体が「圓」ということは、ご存知の方が多いのではないか。円の前の通貨は「両」であった。

この「圓」という漢字をよく見てみると、「□」（国構え）に「員」（人）ということが分かる。この□は「紙」を表し、紙の中に人がいる、つまり信用に基づく紙＝紙幣ということが分かる。

実は、東洋の通貨史を考えるときに、非常に重要なのが「両」から「圓」への変更である。両は重さの単位で、金属通貨ということが分かる。要は、金属硬貨から紙幣への転換が「両」から「圓」の変更なのである。

これは日本だけの話ではなく、中国・韓国もそうである。3カ国は「両」から「圓」になった。すでに「圓」の国際化は終わっていたのであった。

中国は「圓」の中の「員」を出し、それが「元」となった。通貨記号も日本円と全く同じ「¥」である。発音もＹｕａｎで近い。

韓国は、現在も漢字では同じ「圓」を使っている。通貨記号は「₩」で発音もＷ

Metropolitan Police Department）は東京都の組織である。東京都の〝県警〟ともいえるもの。

(48) Japan Financial Intelligence Center

ｏｎと少し違う。

補助通貨はもともと江戸時代から「銭」が使われた。これはドルの補助通貨である Cent の発音を取ったものといわれている。現在では、外国為替の為替レート等ではまだ使われている。法律上の問題はあるものの、電子マネーなどの新型決済インフラでは、技術的に「銭」の復活は可能である。

第3章

Introduction of Settlement Infrastructure

決済リスク

決済にかかわるリスク、すなわち「決済リスク」は時代とともに、注目点（重点）が変わっている。１９７０年代から金融機関（倒産）対策、１９９０年代からマネーロンダリング（マネロン）対応、２０００年代から特殊詐欺と不正アクセスの対応が重点となっている。

１９７４年のヘルシュタット銀行の倒産から、金融機関の決済リスク（倒産）対応が始まり、決済システム[1]の改革が進んだ。犯罪隠蔽の「マネーロンダリング」対応、人的な「特殊詐欺」と、システムに対する「不正アクセス」は〝犯罪〟行為である。新型決済インフラを経由した〝リテール〟（個人顧客）に対する犯罪がいくつも発生している。ＩＴの進歩・普及によって、リスクも広がりを見せているということである。

(1) 銀行間の決済インフラ。

1 金融機関間の決済リスク

(1) 決済リスク

「決済リスク」(Settlement Risk)とは〝決済〟にかかわるリスクである。極論すると、決済リスクとは、いうなれば「取りっぱぐれ」＝「受け取るはずのもの(資金など)が受け取れない」リスクである。足元、決済に関係するリスクは、すべて広義の決済リスクとされている。

リスクには〝期間〟がある。厳密に決済リスクの期間を見ると、当該決済が〝予定〟され、決済(支払)プロセスに入ってからである。たとえば相手が決済プロセスの前に破綻などで、予定した資金が受け取れない場合は、厳密には、それは決済リスクではなく〝信用リスク〟か〝オペレーショナルリスク〟であり、強いていえば「決済前リスク(2)」という。

決済リスクの期間が終了するのは、当該決済(支払)の入金が確認できたときで

(2) Pre-Settlement Risk

ある。

前述したが、決済（インフラ）にはヒエラルキーがあり、日本銀行、決済システム、銀行（金融機関）、新型決済インフラ[3]、顧客[4]があり、それぞれが決済リスクを被る〝主体〟となっている。金融機関の所管は金融庁であるものの、金融機関における「決済リスク」に関する検査・指導は、日本銀行となっている。日本銀行は、中央銀行決済システムである日銀ネット（日銀当座預金）を運営し、金融システムの安定もその目的としている。

当初は、一般的に決済リスクの対象は「金融機関」とされていた。「金融機関」の決済トラブル（決済リスクの具現化）（詳細後述）が相次ぎ、金額も大きく、社会的な注目を集めたからである。その後、日本では資金決済法の対象として清算機関の管理も強化し、いわゆる「決済システム」のリスク管理の強化は、日本を始めとした先進国ではほぼ終了した。

（2）2種類の決済リスク

前述したが、金融機関間の決済には、振込（送金）のような「単純型決済[5]」と、外為（外国為替）や証券のような二つの金融商品による「価値交換型決済[6]」がある

(3) ～Pay など。

(4) 特に、個人＝リテール顧客。

(5) simple settlement. 筆者が定義し名付けた。

(6) exchange-for-value settlement

が、それぞれ決済リスクが違う。

①単純型決済

これは振込（送金）のような資金の決済の形であり、一般的に資金決済システムではこのような決済が行われている。この場合の決済リスクの削減は、入金（決済）の確認を早くし期間を短縮させること、またそのものの決済金額（未決済残高）を削減することである。

②価値交換型決済

価値交換型決済とは、資金（おカネ）と他の金融資産（外国通貨や証券等）との〝交換〟（対になった取引）が行われるときの決済である。価値交換型の決済では、以前は、〝価値交換〟であり、決済リスクは存在しないと誤解されていた。しかし、実際には支払と受取に時差があり、その期間には決済リスクは存在する。たとえば資金と外国通貨の受渡に時差があり、片方を引き渡したが、対価が受け取れない（確認ができない）というリスクが発生していた。つまりそれぞれの決済の時差がリスク期間となる。

その対策として、その時差をなくしゼロ（同時決済）とすることが、金融機関間の決済システムでの解決策となった。証券決済においては資金と証券を同時に決済する〝DVP[7]〟、また、外為決済においては二つの通貨を同時に決済する〝PVP[8]〟が導入された（詳細後述）。

（3）構成するリスク

①信用リスク（Credit Risk）

信用リスクとは経営悪化（破綻）などによって、支払を〝現在、および将来のいかなる時点〟においても履行できないリスクである。

この信用リスクが、外為取引（2通貨間）の決済において、時差によって増幅されたのが、「ヘルシュタット・リスク（Herstatt Risk）」である。1974年にヘルシュタット銀行の破産から発生し決済リスクが具現化した。

また、新型決済インフラなど「決済インフラ自体」の信用問題（経営悪化）の可能性もあり、その場合、決済ヒエラルキー全体でのリスクとなり、注意が必要である。

②流動性リスク（Liquidity Risk）

流動性リスクとは、決済システムの参加者が、支払を実行すべき時点で、何らかの理由により、十分な資金（流動性）を保有しておらず（調達できなくて）、支払

（7）Delivery VS Payment
（8）Payment VS Payment

図表3－1　決済リスク（対金融機関）

1	信用リスク
2	流動性リスク
3	システミック・リスク
4	法的リスク
5	オペレーショナル・リスク

（出所）筆者作成

を予定通りに履行できないリスクである。銀行の口座管理、いわゆる資金繰りでは、無駄な資金を口座に残さないように、いわゆる自転車操業の状態に近い形で行っている。そのため、細かいミスやトラブルで流動性が不足してしまう事態にもなる。

　このリスクは、銀行の経営自体は健全であったとしても、未決済（未入金）、資金繰りのミス、事務ミスなどから、一時的に手元〝資金〟が不足したときに発生するリスクである。現在、特にこの流動性リスクの削減について、米国ＦＲＢのＰＲＣ[9]を始め決済リスクの重要課題として、検討が進んでいる。

③システミック・リスク（Systemic Risk[10]）

　システミック・リスクとは、一つの銀行が支払不能になることによって、他の銀行の支払が連鎖的に不能になり、これが決済インフラ（決済システム）全体の混乱に波及するリスクである。こうした決済不履行は、参加金

(9) Payment Risk Committee

(10) 決済〝システム（System）〟に参加していることによって発生するリスクである。Systemic とは System の形容詞で〝全体に及ぶ〟の意味である。誤解も多いが、システム・リスク（System Risk）やシステマチック・リスク（Systematic Risk）ではない。

融機関の広範な流動性・信用上の問題を引き起こし、結果として、当該決済インフラや金融市場の安定性を脅かす可能性がある。

決済インフラ（決済システム）は多くの参加者をつなぐネットワークとしての性格を持っているため、こうしたシステミックな混乱を伝播し、連鎖反応を引き起こすルートにもなり得る。いい換えれば、システミック・リスクは決済インフラの内部で伝播するリスクでもあり、決済インフラに参加していることによって被るリスクである。

このため、中央銀行を始めとした関係者は、このシステミック・リスクの発生防止に注力している。その甲斐あって、最近では中央銀行決済システムのＲＴＧＳ化や民間決済システム[11]のリスク管理強化が進み、システミック・リスクの防止が進んだ。

④オペレーショナルリスク（Operational Risk）

オペレーショナルリスクとは、狭義には、事務ミスやシステムの障害（トラブル）などによって決済ができなくなるリスク（事務リスク・システムリスク）を指す。また、より広義には、犯罪（不正事件）の発生や評判の低下、災害・テロなどによって決済不能が生じるリスクも含まれる。近年では、決済がシステムやネット

(11) 次は新型決済インフラである。

ワークに依存して行われるようになっているため、このリスクへの対応が不可欠となっている。２０２1年のみずほ銀行のシステムトラブルもこのリスクに分類される。このオペレーショナルリスクのうち、「犯罪リスク」かを分類する重要な点は「悪意」があるかということになってくる。

また、米国同時多発テロ（２００1年9月）によりリスクが具現化したことを契機に、危機が発生した場合の「危機管理計画」（Contingency Plan）の重要性が再認識されており、各決済システムでは、危機対応についてのシナリオ、優先順位の見直し、指揮命令系統の明確化、バックアップ体制の強化などの対策を進めている。

2 犯罪とコンプライアンス

最近、オペレーショナルリスクのうち特に「犯罪」関係の決済リスクがいくつも、発生している。また、金融危機の場合も、最初に「決済」から問題が具現化する。

犯罪やトラブル防止の「規制」強化というのは自主規制団体ができることが大事

で、仮想通貨も自主規制団体として「日本暗号資産取引業協会」（ＪＶＣＥＡ[12]）が対応を進めている。

①マネーロンダリング[13]（マネロン：資金洗浄）

犯罪で入手したおカネを、口座を転々とさせることによって、出所を分からなくさせることである。おカネ（Money）を洗濯（Laundry[14]）する、という意味で「資金洗浄」ともいわれている。麻薬取引、脱税、粉飾決算を始めとした〝犯罪〟によって得られた資金（汚れたお金）を〝資金の出所〟を分からなくするために、架空または他人名義の金融機関口座などを利用して、転々と送金を繰り返したり、株や債券の購入や大口寄付などを行ったりする。これは、捜査機関による差し押さえや摘発を逃れるための犯罪行為で、世界中で巨大な闇のお金として悪用されることもある。

警察庁・金融庁ではマネーロンダリング対策（ＡＭＬ[15]）として対応している。２００１年アメリカ同時多発テロ事件が強化の契機で、「テロ資金供与」（ＣＦＴ[16]）とセットにされる。金融庁は「マネー・ローンダリング及びテロ資金供与対策に関するガイドライン」を作成し、銀行を始めとした金融機関に指導・徹底している。マネロンに対応する世界的な政府間の組織として「ＦＡＴＦ[17]」（マネーロンダリ

(12) Japan Virtual and Crypto assets Exchange Association

(13) マネー・ローンダリングとも。

(14) Money Laundering：launder（洗う）の名詞がLaundry。

(15) Anti-Money Laundering

(16) Countering the Financing of Terrorism

(17) Financial Action Task Force on Money Laundering. 通称「ファトフ」である。

ングに関する金融活動作業部会）があり、日本の法律としては「犯罪収益移転防止法」（犯罪による収益の移転防止に関する法律：犯収法）がある。２００８年に施行され、改正を重ねている。対象には警察庁所管の古物商・質屋を始めとした特定取引業者等も含まれる。

日本では２００７年から「本人確認法」が一部改正され、現金でのＡＴＭ振込み限度額が10万円に引き下げられた。これにより10万円を超える現金での振込みを行う際には、窓口にて本人確認[18]が義務付けられた。〝本人確認書類〟で確認する。他の項目が追加され、２００８年より「犯罪による収益の移転防止に関する法律」に置き替わった。

警察庁から資産凍結等の措置の対象となる「タリバーン[19]関係者等リスト」も発表されて最近、マネロン対策へのコストが膨らんだことで、外国為替業務を撤退・縮小する銀行等が相次いでいる。

２０２１年2月にマネロン法が強化され、既存の銀行口座で〝常に〟チェックしなければならなくなった。そのため銀行は、いわゆる「e-口座」に移行させて、対応することになった。みずほ銀行のシステムトラブルの背景に本件がある。

(18) 英語ではＫＹＣ（Know Your Customer）ともいう。

(19) Taliban、タリバン。

②特殊詐欺

特殊詐欺（フィッシング詐欺）には、ビジネスメール詐欺、オレオレ詐欺、預貯金詐欺、キャッシュカード詐欺、架空料金請求詐欺、還付金詐欺など、手口が多数存在する。異常な取引を感知することが金融機関に求められている。最近の「詐欺メール」は特に巧妙で注意が必要である。警察庁では「ストップ・オレオレ詐欺（SOS）47[20]～家族の絆作戦～プロジェクト」を推進している。個人より、企業の方が金額が大きくなる傾向がある。

③不正アクセス

不正アクセスによって、パソコンやサーバーなどシステム（ネットワーク）に侵入し、特に預金や情報を盗んだり、業務を妨げたりすることである。「なりすまし」等による「不正ログイン」、システムの「脆弱性」を狙った攻撃、添付ファイル経由の「マルウェア」（Malware）[21]の伝染など様々ある。預金や個人情報の引出し等が発生する。厳密にいうと「ウイルス」（Virus）はマルウェアの一つである。狙われるのは「おカネ」だけではなくて、「個人情報」も対象となってきている。

２０１９～20年にかけて、新型決済インフラの不正アクセスが相次いで表面化した。「ドコモ口座」では他人名義の銀行口座を登録し、メールアドレスを使って他

(20) 都道府県の数。

(21) 悪意のあるソフトウェア。

人名義を開設し、不正に引き出す手口があった。銀行口座情報の入手も別途行われていた。最近でも、「楽天」の個人情報が流出した。

無料通信アプリ（SNS）[22]の「LINE」の中国の委託先における個人情報保護に問題があり、情報安全保障上の観点から重要な問題になっている。総務省を始めとして、公共サービスでの利用を制限した。LINEはデジタル決済サービスの「LINE Pay」も運営している。不正アクセスによる個人情報の流出は、航空会社のマイレージ会員などでも発生している。

「生体（個性）認証」は、顔[23]、指静脈、指紋、虹彩、声紋、脳波、歩く姿など様々ある。逆に、一度盗まれると自分自身を変えられないのが課題である。中国ではデジタル化とともに生体認証も進んでいる。

その犯罪行為を予防しようというのが「コンプライアンス」（Compliance）である。コンプライアンスとは「法令順守」と訳されるが、単純に法令のみを守っていけばよいのではない。社会通念までも配慮される。組織内で行動基準や基本方針をまとめた「コンプライアンスマニュアル」等を設けて対応する。その項目ごとに各業務書面にしても、商品にしてもチェックしていくことになる。

組織として対応するときに大事なのは、コンプライアンスの責任を持つ「コンプ

(22) Social Networking Service

(23) 空港やオリンピックではNECの顔認証を使用する予定。

ライアンス（統括）部」を設置すること、そして、営業系を始めとした部署から独立させることが不可欠となる。

決済リスク具現化事件

決済リスク関係の事件は、発生する比率は低いが、発生すると被害が大きいという性質を持つ。歴史的には、それぞれの事件が発生した後に、当局を始め関係者の尽力によってリスク管理が強化されてきた。転機となった事件を具体的に説明する。決済リスクが時代とともに変化しているのが分かる。

（1）ヘルシュタット銀行事件（1974年6月）〈倒産〉

1974年に西ドイツ（当時）のケルンに本店があった中堅銀行ヘルシュタット銀行（Bankhaus Herstatt）は、インターバンク（銀行間）の外為ディーリングの失敗で多大な損失を被った。このため西ドイツ（当時）の中央銀行・ドイツ連邦銀行（Deutsche Bundesbank：ブンデスバンク[24]）は、同年６月26日の15時30分（現地時間）に同行の銀行免許を取消し、清算を命じた。

同行は外為ディーリングを活発に行っていた。同行に対して独マルクを売り、米ドルを受け取る外為取引を行っていた銀行[25]は、独マルクをドイツの決済システムで支払った後に同行が閉鎖されたため、ニューヨークの決済システムで米ドルを受け取ることができなかった。こうした決済不履行は総額２億ドルにも上ったと見られ、多数の銀行が損失を被り、国際金融市場に大きな混乱が生じた。これは、まさに決済リスクの中でも信用リスクが具現化した事例である。さらに、本件を契機に、外為取引における時差によって増幅される決済リスク[26]が「ヘルシュタット・リスク（Herstatt Risk）」と呼ばれるようになった。

実はこの前月（１９７４年５月）にも、当時米国20位でニューヨークに本店があった「フランクリン・ナショナル銀行」（Franklin National Bank）が、同じく外為ディーリングの失敗を契機にして破綻している。

このようなことが続けて発生したのは、ブレトンウッズ体制に続き、スミソニアン体制に移行し変動相場制になったからである。国際通貨制度では固定相場制を保ってきたが、１９７３年２月に米ドルが大幅に切り下がり、先進国はなし崩し的

---

(24) 元連銀総裁のヘルムート・シュレジンガーから直々に話を聞いた。ヘルシュタット銀行は約１２０位の銀行であったが、被害の伝播は予想以上であったとのことであった。

(25) バンク・オブ・ニューヨーク（ＢＯＮＹ：Bank of New York）等である。

(26) 価値交換型の決済リスクである。

に変動相場制へと移行した。そのため、大きな為替変動リスクを被ることになり、倒産にも至ったのである。

（2）BONY事件（1985年11月）〈システム〉

バンク・オブ・ニューヨーク（BONY）[27]は、証券会社のために証券受渡と資金決済を行うクリアリングバンク（Clearing Bank）であった。1985年11月、同行はシステムトラブルによって証券決済（引渡）の決済が不能となり、証券の受取（すなわち資金支払）が一方的に嵩み、ニューヨーク連邦準備銀行の口座に巨額の赤残が発生した。

この赤残を埋めるため、ニューヨーク連銀から300億ドルの日中与信と230億ドルのオーバーナイト（翌日物）の貸出といった流動性供給を受けることによって、危機を回避した。

これはコンピューター・システムのトラブル（障害）によるオペレーショナルリスクが具現化した典型的な事例である。

---

(27) 米国最古参（1784年設立）の銀行。名前の通り、まさにニューヨークの銀行で、本店の住所は1 Wall Streetであった（日本でいうと東京銀行のイメージか）。

（3）ニューヨーク大停電（1990年8月）〈システム〉

1990年8月にニューヨークのウォール・ストリートで発生した大規模な停電により、ニューヨークの金融市場や決済システムが数日間にわたり、影響を受けた。金融機関の中にはシステムが停止し、決済業務に支障をきたした先もあった。このため金融市場でも金利等の乱高下が生じた。ニューヨーク連銀も、自家発電によって中央銀行決済システム（Fedwire）を稼働させていたが、4日目には自家発電機が故障したため、市郊外にあるバックアップセンターを稼働させて急場をしのいだ。これもオペレーショナルリスクが具現化した事例である。

（4）BCCI事件[28]（1991年7月）〈倒産〉

1991年7月にルクセンブルク籍のアラブ系銀行BCCI（Bank of Credit and Commerce International：国際商業信用銀行）が、欧州各国の銀行監督当局から、長年の粉飾決算を理由に資産凍結や営業停止の処分を受けた。これに伴い、同行の海外資産も凍結されたことから、同行と外為取引を行っていた邦銀[29]や英銀等は買入通貨を受け取れず、損失を被った。円売り・ドル買い取引で円を支払ったもの

(28) この事件をベースにして作られた映画が『ザ・バンク 堕ちた巨像』（2009年）である。

(29) IBJ（日本興業銀行：現みずほ銀行）が被害にあった。

の、ドルを受け取れず、元本相当額の損失を被ったという形である。信用リスク、それも、まさにヘルシュタット・リスクが具現化した事例である。また犯罪リスクでもある。

（5）ベアリングス事件[30]（1995年2月）〈倒産〉

英国最古で伝統あるマーチャントバンク（Merchant Bank）[31]であったベアリングス銀行（Barings Bank）[32]が1995年2月、シンガポールで発覚したトレーダーによる巨額な損失を伴う不正取引で破綻し、その後オランダの金融最大手ＩＮＧ[33]に1ポンドで買収された。

破綻の際に、ＥＢＡ（ＥＣＵ銀行協会）[34]が運営していたＥＣＵクリアリングシステムにおいて決済に関する支障が発生した。

2月24日（金）にベアリングス銀行への支払のため、同行のコルレス銀行に27日（月）付の支払指図を発信した銀行が、26日（日）にベアリングス銀行に管財人が任命されたとの情報を入手し、支払指図を取り消そうとしたものの、〝規則上〟認められず、また反対取引も法的に認められなかった。同行は他行から別途資金を調達し、カバーしたため、ＥＣＵ決済で当日の最終決済が行われないといった最悪の

(30) この事件をベースにして作られた映画が『マネートレーダー／銀行崩壊』（１９９８年）である。

(31) 米国では投資銀行という。

(32) 英国王室御用達の銀行でもあった。

(33) Internationale Nederlanden Groep

(34) 現、略称は同じくＥＢＡであるが、名称はユーロ導入時に Euro Banking Association になった。

事態は回避された。まさに信用リスクがシステミック・リスクに発展しそうになった事例である。これは決済システムに問題があった。そういう意味ではオペレーショナルリスクである。

(6) リーマンショック[35] (Financial Crisis)[36] (2008年9月)〈倒産〉

2008年9月に米国の(大手)投資銀行(Investment Bank)であったリーマン・ブラザーズ(Lehman Brothers)が連邦破産法第11条(Chapter11)の適用を申請して破綻し、これをきっかけに世界的な金融危機が発生した。日本においても、日本法人であるリーマン・ブラザーズ証券に業務停止命令が出された。

リーマン・ブラザーズ証券の破綻に伴って決済が停止された同社の証券取引は、日本国内でも国債や株式などで数兆円に上った。これに対して決済の相手方となっていた清算機関(CCP)は同社に対するポジションを解消するなど対応した。各国中銀による市場への潤沢な流動性供給もあって、資金決済のデフォルトが連鎖的に発生する事態は避けられた。一方、証券の受渡については、フェイル(未決済)が連鎖的に発生したが決済プロセス前で食い止められた。

一方、外国為替の決済では、多通貨同時決済を行うCLS銀行が有効に機能し、

(35) 「リーマンショック」は和製英語である。

(36) この事件をベースにして作られた映画が『マージン・コール』(2011年)と『インサイド・ジョブ　世界不況の知られざる真実』(2010年)である。

円滑な決済が維持された（前述）。清算機関・DVP決済・CLS銀行（PVP決済）等それまで決済システムに組み込まれた決済リスク削減策が有効に機能した。

しかし、店頭デリバティブ（OTC Derivatives）取引については清算機関も存在せず、取引の全貌が把握できず、混乱が続いた。これは、信用リスクが具現化し、システミック・リスクまで進んだ事例である。この後、対策のため、日本でも店頭デリバティブは「取引情報蓄積機関」[37]（TR[38]）に報告され清算機関を通じて清算されることになった。

（7）東日本大震災（2011年3月）〈天災〉

2011年3月に三陸沖を震源とする巨大地震が発生し、地震と津波によって甚大な被害が発生した。この間、日本の決済システムである日銀ネット、外為円決済システム、全銀システムは、通信の規制、決済時間の延長などの措置を採りつつ、安定的に稼働を続けた。ただし、一部の大手行では、建物の損壊のほか、システム障害[39]が発生し、100万件以上の支払指図が全銀システムに送信できない事態も発生した。

また、手形交換所については、施設の損壊などから、一時、被災地の約5割の手

(37) 2013年に業務を開始した。米国の証券決済機関DTCCの子会社DTCC Data Repository（Japan）によって運営されている。
(38) Trade Repository
(39) 本支店の損壊などにより、一時的に為替業務ができなくなった先に対する振込指図が差し止められた。

形交換所が休業を余儀なくされるなど、大きな影響が出た。未曽有の大災害はバックアップセンターの重要性が確認された。これもオペレーショナルリスクが具現化した事例である。

（8）マウントゴックス事件（2014年2月）〈犯罪〉

仮想通貨ビットコイン（Bitcoin）の交換業者マウントゴックス(40)が破産した。当該社は顧客の預かり口座も保有し実質的に決済インフラであった。一時は全世界で7割程度のシェアを占め、世界最大のビットコインの交換業者であった。経営破綻の原因は大量（約500億円）のビットコインの消失であるが、ハッキングが原因とされ、2015年8月には社長が横領した疑いで逮捕された。この点では、不正行為に基づくオペレーショナルリスクが具現化したものである。交換業者の破綻により仮想通貨が使えなくなることを「ゴックス化」ともいわれた。

その後、仮想通貨に関する不正事件では「コインチェック事件」（2018年1月）を始めとしていくつも発生している。2018年7月のアルゼンチンG20で世界的に、先進国でも規制が強化される方向になった。中国やインドなどそもそも取引が禁止された国もある。

---

(40) Magic：The Gathering On-line eXchange が社名の由来である。

（9）米国金融制裁（2014年6月〜）〈犯罪〉

決済業務を行うリスクとして、マネーロンダリングの対応に関して米国当局からの制裁（Sanction）がある。これは米国が外交・安全保障の一手段として行っている金融制裁に反して、制裁対象国に対する不正送金等[41]が発覚したときに、司法省やニューヨーク州から莫大な制裁金が課せられるもので、金額もたとえばBNPパリバ[42]に対する90億ドル（約1・1兆円）と莫大である。

BNPパリバのほか、香港上海、スタンダードチャータード、クレディ・スイス、コメルツ等の欧州銀行のほか、邦銀も対象になった。制裁金の金額が莫大なだけに、経営が揺らぐ可能性もあった[43]。逆に経営に影響を与えるぐらいに膨大な金額でないと効き目がないと考えられた。

これも、一種のオペレーショナルリスクおよび法的リスクが具現化した例ともいうことができる。今やマネーロンダリング対策も決済業務の重要な一部となっている。

(41) ほかにも、ロンドン銀行間取引金利（LIBOR）等の不正操作、住宅ローン担保証券（RMBS）の不正販売等、外為指標の不正操作なども制裁金等が課せられた。

(42) Banque Nationale de Paris

(43) その後も同様の制裁は続いた。

（10）ＳＷＩＦＴハッキング事件[44]（２０１６年２月）〈犯罪〉

２０１６年２月にバングラデシュ中央銀行のＳＷＩＦＴの不正アクセスにより、約８１００万ドル（約90億円）の不正送金事件[45]が発生した。ハッキングされ、いわゆる「なりすまし」で、米国の中央銀行ＦＲＢにあるバングラデシュ中銀の口座から送金した。

送金経路はドイツ銀行を経由して、フィリピンのリサール商業銀行（ＲＣＢＣ[46]）のマニラ市内の支店にある口座に入金された。犯人[47]は口座から現金で出金し、大部分は行方不明となっている。犯行はドイツ銀行からの照会で発覚した。

犯人はバングラデシュ中央銀行になりかわってメッセージを送信できるようになった。ＳＷＩＦＴのシステムを知り尽くした犯人から、加入者を守るためにはシステム運営者のＳＷＩＦＴも対策が必要であったと指摘されている。

ＳＷＩＦＴに対する同様の手口の事件は、ほかにも２０１５年１月エクアドルの銀行 Banco del Austro、２０１６年５月ベトナムの銀行 Tien Phong Bank、６月ウクライナの銀行（名称不明）、２０１７年11月ネパールの銀行 NIC Asia Bank などで少なくとも5件、発生していた。この事例もオペレーショナルリスクが具現化

(44) この事件も映画化される予定である。

(45) この事件は「銀行を襲った史上最大級の盗難の事例」であるが、分野を広げるとコインチェックの５８０億円相当の盗難がある。

(46) Rizal Commercial Banking Corporation

(47) 北朝鮮が関係しているともいわれている。

した例である。リスクの伝播が発生しないのが不幸中の幸いであった。ＳＷＩＦＴではその後「顧客安全プログラム」（ＣＳＰ）[48]が推進されている。

(11) コインチェック事件（２０１８年１月）〈犯罪〉

その後も仮想通貨交換業者への不正アクセスが相次ぎ、代表的なものとして２０１８年にはコインチェックから約５８０億円が不正出金された。

(12) ビジネスメール詐欺（２０１９年９月・10月）〈犯罪〉

特殊詐欺の一つであるビジネスメール詐欺で、２０１９年９月、「トヨタ紡織」の欧州子会社が約40億円、同年10月「日本経済新聞」の香港子会社が約32億円、不正出金された。

(13) スマホ決済インフラ不正出金（２０２０年10月）〈犯罪〉

２０２０年10月から、フィンテック系のドコモ口座などで、残高や連動する銀行口座などから、不正出金が相次いだ。ドコモ口座、PayPay、メルペイ、LINE Pay、ゆうちょ銀ミジカ（廃止）、j-Coin、セブンペイ（廃止）などいくつも発生した。

(48) Customer Security Programme. Programme もＳＷＩＦＴらしくフランス語である。

スマホ決済と連動する場合、携帯会社の本人確認で十分とする点が指摘された。

(14) みずほ銀行システム障害（2021年2月）〈システム〉

2021年2月から3月にかけて、ATMを始め、4回のシステム障害が発生した。みずほ銀行の新システムMINORIは単なるシステムの刷新ではなく、3行の完全統合（実り）を象徴するものであった。MINORIは頭文字をつなげたものではなく、M（みずほ）のINORI（祈り）[49]が込められたようである。実際には3行の並立がベンダーなどのシステム構造[50]にも反映され、システム障害の下地となった。

コラム3 ―― 進んでいた江戸時代

江戸時代の貨幣制度は、現在の日本のそれとはずいぶん違う複雑な形であった。基本的には、金（一両小判）・銀（一分銀など）・銅（銭）の「三貨制度」といわれた。しかも、「関東の金遣い、関西の銀遣い」といわれ、江戸を中心とした関東は「金」

(49) システム刷新・統合を実現したいという祈り。

(50) みずほ銀行とLINEは2022年度中に新銀行を開業する予定であった。

が中心で使われ、大坂を中心とした関西は「銀」が中心で使われた。これは、金の主産地が新潟の佐渡金山で、銀の主産地が島根の石見（いわみ）銀山であったことと関わりが深いといわれている。

しかも、金と銀の交換は変動相場制で行われていた。つまり、関東と関西の経済の状況で自動的な調整がなされていたということである。

江戸時代に貨幣を造る場所（今でいう造幣局）を「座」というが、金座・銀座・銅座などがあった。銀座は東京の名所としてまだそのまま地名に残っている。江戸にも金座はあったが、その場所は現在、日本銀行本店になっている。

江戸時代には「両替屋」というものがあり、日本の銀行の前身である。江戸の三井家、大坂の鴻池家などがあった。日本橋でもあり、金座は三井家が所有していた。そのころの鋳造技術は現代と変わらないレベルであった。

ちなみに、英国ではスターリング（Sterling）家が鋳造を家業として行っていた。そのため、今でも名残として、ポンドのことをスターリング・ポンドとか、銀のことをスターリング・シルバーという。日本でいうと三井家の金とか銀などといっているようなものである。

さらに、日本では先物取引が堂島で誕生していた。シカゴの先物取引所でも入り口に堂島の絵が敬意をもって飾ってある。しかも、江戸時代、貨幣とは別に、各藩が「藩札」として、今でいう債券を発行しており、それが流通していた。両替屋はそういった商品も対応していた。

　そのころの日本では、国内に変動相場制、先物取引、鋳造技術、そして両替と世界最高レベルの金融制度ができていたのである。

第4章

Introduction of
Settlement Infrastructure

銀行

銀行

銀行業

決済において、重要な役割を果たすのが「銀行」[1]（銀行等預金取扱金融機関）である。資金決済法（2010年）までは、（資金）決済を代行すること（為替業務）は、銀行法[2]によって、銀行以外はできなかった。

銀行は一般の会社と比べて、その業務の性質から、一段厳しい「銀行法」に準拠している。銀行は決済インフラの中でも〝社会インフラ〟として高レベルの管理が求められてきた。折しも、2021年2月にみずほ銀行がATM等のシステム障害を起こした。免許の所管は金融庁となっており、みずほ銀行[3]に対して今回「報告徴収命令[4]」を発出した。

また、決済の完了性（ファイナリティ）を持つ、日本銀行に口座を開設できるの

---

(1)
①資金決済の主要な担い手（銀行、信用金庫、外国銀行支店、協同組織金融機関の中央機関、資金清算機関、銀行協会など）。
②証券決済の主要な担い手（金融商品取引業者〈証券会社、外国証券会社〉、証券金融会社、金融商品取引清算機関）。
③短期金融市場取引の主要な仲介者（短資会社）。

(2)
決済関係の法律は、各国・地域で違いが大きい。

(3)
みずほ銀行は2002年4月の発足時、2011年3月の東日本大震災の直後にもシステム障害を起こした。2019年7月には約4000億円の費用をかけて、新システム「MINORI」を稼働させたばかりだった。

は、基本的には「銀行」などだけである。個人・法人は口座を開設できない。日本銀行は、本店のほかに32の支店と14の国内事務所[5][6]を運営している。

新たな形態の銀行

「新しい形態の銀行」とは、実店舗を原則設置せず、インターネットバンキング等の提供に特化した銀行のこと。２０００年に「ジャパンネット銀行[7]」が開業した。足元、「ネット専業銀行」や流通業をベースとした銀行など国内10行がある。

また21年にはふくおかフィナンシャルグループにより、国内初のデジタル銀行「みんなの銀行」が開業した。「デジタル銀行」とはスマホだけで手続きを完結する銀行のことをいう。「ネット専業銀行」はスマホの活用にも注力しており、境界が無くなりつつある。

---

(4) 報告で十分でないときは、さらに調査し、業務改善命令や業務停止命令といった行政処分を出す。

(5) 海外事務所は、ニューヨーク、ワシントン、ロンドン、パリ、フランクフルト、香港、北京の７つある。

(6) 事務所では決済業務を行わない。

(7) ２０２１年４月に「PayPay銀行」と名称変更した。

2 銀行等の決済インフラ

銀行や、決済にかかわる金融機関についても新しい主体が出てきている。金融庁の分類では以下のようになっている〈図表4－1〉。

免許等を受けている主たる業者

免許、指定、登録、許可、認可、届出とあり、この順番で厳しさは免許が最も厳しい。ここでは件数を示すが、それぞれの説明箇所で具体的な名称等を記すこととする。

図表４－１　金融庁の決済にかかわる金融機関の分類（令和３年４月）

(1) 預金取扱等金融機関（741 社）

銀行〈免許〉

- 都市銀行（4）
  - みずほ銀行
  - 三井住友銀行
  - 三菱 UFJ 銀行
  - りそな銀行
- 信託銀行（13）
  - 三菱 UFJ 信託銀行
  - 三井住友信託銀行
  - みずほ信託銀行
  - 農中信託銀行
  - 野村信託銀行
  - SMBC 信託銀行
  - オリックス銀行
  - 新生信託銀行
  - 日証金信託銀行
  - 日本カストディ銀行
  - 日本マスタートラスト信託銀行
  - ステート・ストリート信託銀行
  - ニューヨークメロン信託銀行
- その他銀行（16）
  - PayPay 銀行
  - 住信 SBI ネット銀行
  - ソニー銀行
  - 大和ネクスト銀行
  - 楽天銀行
  - au じぶん銀行
  - イオン銀行
  - セブン銀行[8]

(8) 流通大手のセブン&アイ・グループは２００１年に「セブン銀行」（アイワイバンク銀行）を、イオングループは２００６年に「イオン銀行」を設立した。いわゆる「新しい形態の銀行」である。コンビニエンスストア３位のローソンも銀行を設立する予定である。２位のファミリーマートは、ゆうちょ銀行と提携を強化している。

- あおぞら銀行
- 新生銀行
- ゆうちょ銀行[9]
- 整理回収機構
- SBJ銀行
- GMOあおぞらネット銀行
- みんなの銀行
- ローソン銀行

外国銀行支店（55）

地方銀行（62）

第二地方銀行（38）

その他銀行（1）

- 埼玉りそな銀行

銀行持株会社〈免許〉（25）

- みずほフィナンシャルグループ
- 三井住友フィナンシャルグループ
- 三菱UFJフィナンシャル・グループ
- りそなホールディングス
- ソニーフィナンシャルホールディングス
- 三井住友トラスト・ホールディングス
- AFSコーポレーション
- auフィナンシャルホールディングス
- 第四北越フィナンシャルグループ
- 日本郵政
- フィデアホールディングス
- じもとホールディングス
- めぶきフィナンシャルグループ
- 東京きらぼしフィナンシャルグループ
- コンコルディア・フィナンシャルグループ
- 三十三フィナンシャルグループ
- ほくほくフィナンシャルグループ

---

(9) ゆうちょ銀行の支店数は約2万4千店もある。都銀約3千店、地銀7・5千店、第二地銀3千店と合計でも約1万4千店である。

- 池田泉州ホールディングス
- 関西みらいフィナンシャルグループ
- 山口フィナンシャルグループ
- ひろぎんホールディングス
- トモニホールディングス
- ふくおかフィナンシャルグループ
- 九州フィナンシャルグループ
- 西日本フィナンシャルホールディングス

- 信用金庫〈免許〉
  - 信用金庫連合会（1）
    - 信金中央金庫
  - 信用金庫（254）
- 労働金庫〈免許〉
  - 労働金庫連合会（1）
    - 労働金庫連合会
  - 労働金庫（13）
- 信用組合〈認可〉
  - 信用協同組合連合会（1）
    - 全国信用協同組合連合会
  - 信用組合（145）
- 系統金融機関（農林中央金庫、信農連、信漁連）〈認可〉
  - 農林中央金庫（1）
    - 農林中央金庫
  - 信用農業協同組合連合会（32）
  - 信用漁業協同組合連合会（12）
- 兼営信託金融機関〈認可〉（55）

(2) 金融会社

金融会社
前払式支払手段（第三者型）発行者〈登録〉（922）
前払式支払手段（自家型）発行者〈届出〉（1048）
資金移動業者〈登録〉（79）
電子債権記録機関〈指定〉（5）
暗号資産交換業者〈登録〉（27）

(3) 清算・振替機関等

金融商品取引清算機関（3）	
	日本証券クリアリング機構 ほふりクリアリング 東京金融取引所
資金清算機関（1）	
	全国銀行資金決済ネットワーク
振替機関（2）	
	証券保管振替機構 日本銀行
取引情報蓄積機関（1）	
	DTCC データ・レポジトリー・ジャパン

※証券会社

金融商品取引業者〈登録〉合計[10]（1946）	
	第一種（307）
	第二種（1207）
	投資助言・代理業（975）
	投資運用業（398）
	指定親会社（2）

（出所）金融庁

---

(10) 複数免許を取得している先があり、単純合計とは一致しない。

銀行再編

都銀（都市銀行）は、すでに２００６年には再編が終了し、３メガバンク・４大銀行の体制になった。最近では、金利や低い経済成長によって銀行の経営環境が悪化する中、菅首相が「数が多すぎる」（オーバーバンキング）と発言したこともあり、銀行業界、特に地方銀行などが、再編・改革の時期を迎えている。足元、上場地銀の半分が減益・赤字になっている。「限界地銀」などと呼ばれ、構造不況業種と認識され、産業政策として対応されている。

２０２０年３月末、地方銀行１００行のうち、40行以上が融資など本業の損益が赤字で、うち31行は５期以上の赤字である。10年後には約６割の地銀が最終赤字になるとみられている。

一方、地方銀行への経営支援もなされており、日本銀行は経営統合や経費節減をした銀行の当座預金に上乗せ金利を付ける。金融庁はコンピューターシステムの統合に掛かる費用の一部を補助する。

金融庁の金融審議会銀行制度等ワーキング・グループにおいても検討されている

が、以下の4つが銀行経営の方向である。その中でも、通常の経営改革の①〜③と地域貢献の④と2つがある。特に日本の地方経済の支援も色濃く出ており、地域商社事業も始めている。２０２０年11月施行の特例法によって、地銀は向こう10年間は独占禁止法の対象外となる。人材派遣等も解禁されている。

①銀行の統合や異業種からの出資
②経営改善のための経費の削減
③新業務の開始
④地域貢献のための出資

まずは店舗の統廃合が進んでいる。地方銀行の再編も単独か、統合かと選択が迫られている。その中で「ＳＢＩ」は「第4のメガバンク」を目指し、独自のグループ化を進めている。山陰合同銀行や南都銀行のように、「郵便局」に業務を委託する銀行も増えている。

3 銀行口座

銀行に口座[11]を開設することというのは、どの国でも〝信用〟の証となる。銀行の〝本人確認〟（マネロンチェック）済みのクリーンな預金口座ということである。

日本では「銀行口座」の普及は一人当たり約６口座持っている計算になる。それに対し、「携帯電話」（スマホ）は約７割の普及率である。新興国ではこれが逆転し、携帯電話を持っていても、銀行口座を保有していない層がある。この層こそ、スマホ決済などの新型決済インフラのターゲットとなる。

銀行は、中央銀行（日本だと日本銀行）に開設した口座を通じて、最終決済を行い〝金融〟の信用の拠り所となる。基本的に、中央銀行には銀行以外は口座を開設できない。

新型決済インフラも、全銀システムなどの決済システムに参加する見通しとなっている。しかし、決済システムの最終決済を行うために、日本銀行に口座を保有していなければならないことや、ＲＣ[12]（中継コンピューター）接続することなど、越

(11) 特に「当座預金」（当預）。
(12) Relay Computer

えなければならない条件がある。

国税庁は海外口座情報を、足元、200万件以上入手しており、CRS（共通報告基準）[13]によって税逃れ防止に活用している。今後、匿名性と流動性が高く、租税回避や脱税に使われている恐れもある暗号資産の情報交換も対象となる予定である。

決済業務

リテール（対顧客）の決済分野では、新型決済インフラが政策[14]としても推進されている。新型決済インフラは無料かあるいは非常に安い手数料で決済（送金）を行う。

銀行業では、以前よりリテール部門の収益性が低いといわれてきた。毎年メガバンクでは約1000億円程度がシステム予算に使われており、その約7割はATMを始めとしたリテールシステムの維持・運用に使われている。

みずほ銀行が約4500億円をかけて19年に「MINORI」をリリースした。

(13) CRS：Common Reporting Standard

(14) 決済インフラの見直し、およびキャッシュレスの環境整備。

システムのメインのターゲットはリテール部門である。通常は５年程度で償却するが１年で償却した。メガバンクは５００店舗のうち４割の店を閉める。それはリテール業務の今後を意味する。基本的に銀行は新型決済インフラには対応しない。また、決済業務は、通常、預金とセットで行われる。

新型決済インフラの分野では、メガバンクのみずほ銀行のみが「J-Coin Pay」を19年３月にスタートさせた。「割り勘」など少額送金も可能になっている。９月に不正アクセスを受け情報が漏洩した。三菱ＵＦＪ銀行は当初「ＭＵＦＧコイン」を構想していたが、名称を「coin」に変更し、アプリ決済としてリクルートと協業している。

5　国際的に重要な銀行

リーマンショック[15]（金融危機）で発生した問題点は、店頭デリバティブの取引情報蓄積機関（決済システム）が存在しなかったこと、さらに国をまたいだ金融機関

(15) The Financial Crisis

が国際的に問題を伝播させたことであった。国際合意に沿って、自己資本比率規制（バーゼルⅢ）に関する告示に基づき、「グローバルなシステム上重要な銀行」（G－SIBs[16]）および「国内のシステム上重要な銀行」（D－SIBs[17]）、つまり巨大銀行を指定した。銀行ごとに金融システム上の重要性を評価し、リスク・アセット対比で一定水準の追加的な資本の積立てを求める。金融安定理事会（FSB）が2011年からG－SIBsの認定を行っており、足元30行が指名されている。

日本では、G－SIBsとして、三菱UFJフィナンシャル・グループ、みずほフィナンシャルグループ、三井住友フィナンシャルグループが、D－SIBsとして、三井住友トラスト・ホールディングス、農林中央金庫、大和証券グループ、野村ホールディングスが指定された。

6 現金取扱

銀行業務として〝現金〟の取扱いをしているが、現金取扱いは銀行にとって収益

(16) Global Systemically Important Banks

(17) Domestic Systemically Important Banks

性の低い業務である。しかも盗難などのリスクが高い。また、現金を保有しているということは、運用ができていないということで、現金有高をなるべく減らそうとする。

銀行の歴史をみると、銀行は「両替商」（Exchange）がその起源である。現在は日本円の通貨制度ができあがっており、国内で両替は紙幣・硬貨の交換、たとえば小銭を取り扱う商店などが、銀行の窓口で行う方がいる。また、「現金レス支店」を「軽量店」という。高性能のＡＴＭを置き、資産運用相談に軸足を置く。２０２1年5月、三菱ＵＦＪ銀行と三井住友銀行はＡＴＭを共同運営する方針を発表した。銀行口座もデジタルに移行しており、通帳の取扱いも廃止したいものの時間が必要で、「通帳発行手数料」も新設する。一方、あおぞら銀行など通帳を全廃する銀行もあり「ウェブ口座」に移行する。また、多くの銀行で「口座管理手数料」も新設される。

コンビニＡＴＭの普及によって「夜間金庫」などの終了も相次いでいる。銀行の集金業務は警備会社などの集配金の代金サービスに切り替わっている。

ＡＴＭは、１９９９年がピークで、12万台を記録したが、その後減少している。足元、セブン銀行は2万5千台となっている。銀行は固定費の大きい店舗やＡＴＭ

の効率化に向かっている。セブン銀行、ローソン銀行やゆうちょ銀行がコンビニエンスストアにATMを置いている。「イーネット」(E-net)は金融機関等から出資された企業で、コンビニATM等を運営しており、約1万3千台を運営している。

情報銀行

決済業務でもそうであるが、「個人データ」を信託財産として利活用と規制が始まった。日本でも「個人情報保護法」を2015年に改正し、2016年には「官民データ活用推進基本法」によりデータ利活用の法律も施行された。

総務省が経済産業省[18]と合同で開催している情報信託機能の認定スキームの在り方に関する検討会において作成された「情報信託機能の認定に係る指針」に基づき、2019年3月に新たに「情報銀行」を認定した。

「情報銀行」(情報利用信用銀行)とは、個人とのデータ活用に関する契約などに基づき、管理をするとともに、個人の指示又は条件に基づき、個人に代わり妥当性

(18) 金融庁ではない。

を判断の上、データを第三者（他の事業者）に提供する事業である。暗号化・漏洩対策を義務付け、違反があれば認定を取り消す。法的免許ではなく、認定取得も任意である。欧州などでも情報銀行に似た仕組みがあったが、根付かなかった。

銀行系ではみずほ銀行系のJ.Score、三井住友信託銀行が、大企業では中部電力が認定を受けている。

8 システム共同化

銀行も再編されているが、組織的な完全な合併は、人事も含めてなかなか大変である。さらに、銀行の業務というのは、基本的には同じ機能を行っている。もともとは各銀行でシステム管理[19]をしていたが、システム会社に「クラウド化」（アウトソース）することが進んでいる。そのため、システムの面だけでも共同してシステム会社に管理を移行させることが進んでいる。

---

(19) メガバンクのシステム関係費用は毎年約１０００億円程度といわれている。

基幹となる勘定系システムでも、ＮＴＴデータが運営する「地銀共同センター」、同じく日本ＩＢＭの「Chance 地銀共同化システム」、同じく日本ユニシスの「BankVision」などがある。

システム会社としても、多数のシステムを請け負うことによって、全体としてのコストを引き下げることが可能になる。ＳＢＩも地銀向け勘定系システムを24年をめどに開発する。このシステムの共同化が地方銀行の再編の一つの要因になる。三菱ＵＦＪ銀行と三井住友銀行が発表したＡＴＭ共同運営も、システム共同化の一つである。

コラム4 ―― 銀行

決済インフラとして重要な役割を果たしている「銀行」であるが、現代の企業の名前として違和感を持ったことはないであろうか。〜証券や〜商事などの名前は分かりやすい。

紙幣が主流となる前、中世から、硬貨がメインの現金であった。金属は、国際貿易のためか、オリンピックと同様に、金・銀・銅の３硬貨体制がどの国でもできあがっていた。

その３種類の硬貨では、地球上で金は現在でもオリンピック水泳プール３杯分といわれており、そもそも少ない。そのため、実用的には、世界中で主として「銀」が使われていた。もっというと、漢字というものには意味があって、「金」よりも、使い勝手が「良」いから「銀」なのである。

たとえば、ドルの通貨記号$であるが、このSはSilver（銀）のSといわれている。ちなみに、通貨記号では¥のように２本線（天秤棒）を入れる決まりがある。そういう意味では$は１本線であり、それはWordというプログラムの問題である。また「賃金」のことを「チンギン」というが、「賃銀」の名残といわれている。

中世以降、おカネは「銀」という認識が一般化した。「行」は中国語にも残っているが企業を表す。内田洋行のような企業もある。

つまり、銀行とは「おカネ」を扱う会社ということなのである。中国でも同様に銀行という。

第5章

Introduction of
Settlement Infrastructure

現金系決済

本章では、いわゆる〝おカネ〟としての「現金」系の、特に新型決済インフラ[1]を解説する。現金系決済[2]は、主として個人顧客（リテール）が行うもので、「現金」(Cash)、「電子マネー」＝プリペイドカード（Prepaid Card：前払式支払手段）、「デビットカード」(Debit Card)、「クレジットカード」(Credit Card：後払式支払手段）がある。

その割合[3]は足元、多い順に現金、口座振替・振込、クレジットカード、電子マネー、デビットカード＝（概数で）約5割、約2割強、約2割弱、約1割、約1％強である。日本は他の先進国[4]と比べ現金と口座振替[5]の比率が高く、デビットカードの比率が低いという特徴[6]がある。なお、口座振替、クレジットカード、デビットカードは「第6章　口座振替系決済」で解説する。（仮想通貨については、特に第1章で解説済み）

また、キャッシュレス政策は「経済産業省」（経産省）が推進しており、「キャッシュレス・ビジョン」（2018年）がその施策である。そこでは、日本のキャッシュレス比率（2015年）は、諸外国が4〜6割であるのに対し約2割となっている。2025年の大阪万博までにキャッシュレス比率を4割に高めるとした。そして、将来的には世界最高水準の8割を目指す、としている。キャッシュレス化を

---

(1) 現金そのものも、決済インフラである。

(2) 以前の日本では対面式決済は現金、非対面式決済は振込等であった。

(3) 調査（機関）によって、数字のブレが大きい。ザックリとしたイメージで捉えるのが良いであろう。金融庁所管の「口座振替・振込」を入れない調査も多い。

(4) クレジットカードの決済割合は、米国や英国は約25%、韓国は高く約6割である。決済インフラの使用割合は各国別に、金融（決済）制度の歴史や文化によって特徴がある。

(5) 口座振替の比率が高いというのは、銀行の事務に

進める理由は、デジタル化と同様に、消費者の利便性の向上、店舗の効率化・売上拡大、データの利活用つまりは経済成長である。現金の運用コストは金融業界全体で年間2兆円とされている。

1 現金

現金通貨

日本における「現金」（現金通貨）には、「紙幣」（お札）（日本銀行では「銀行券」という）と「硬貨」[7]（日本銀行では「貨幣」という）がある。本書では、一般的な用語として主として紙幣と硬貨という用語を使用する。

通貨全般および硬貨（貨幣）については、「通貨法」（通貨の単位及び貨幣の発行等に関する法律）、紙幣（銀行券）[8]については「日本銀行法」（第46条）で定められ

対して信頼があるということ、と考えている。

(6) 国ごとに、歴史や制度、決済インフラなどによって、数字の違いが大きい。たとえば、米国では、いまだにある程度の割合で「個人小切手（Check）」が使われている。

(7) 「1円玉」というように、日本では硬貨に「玉」ということがある。これは丸という意味で何となく使っている方が多いと思うが、この場合の「玉」は「王将・玉将」「お年玉」などという使い方に残っているが、「大事なモノ」という意味である。

(8) 日本銀行券。

ている。

通貨の単位も重要で、江戸時代は、金銀銅の〝金属通貨〟を使用しており[9]、基本的には重量で価値を測った。

1877年（明治10年）に西南戦争が勃発し、民間銀行により大量の紙幣が発行され、ハイパーインフレになり、経済が困窮した。日本銀行はその終息[10]のため1882年（明治15年）に業務を開始した。

ざっくりした生産コスト（製造原価）は1円玉（1グラム）は100％アルミニウムでもあり約3円、500円玉（7グラム）は銅、ニッケルと亜鉛で約50円、1万円札は約25円程度といわれている。紙幣全体の製造コストは約500億円、貨幣のそれは約150億円といわれている。

「現金発行量[11][12]」については、財務省（理財局 国庫課 通貨企画調整室）の所管で、日本銀行業務局・発券局と連携を取りながら、紙幣と硬貨の需要（実需）を検討し、決定している。2021年度は、日本銀行は国立印刷局に発注する「1万円札」を足元9億枚[13]とした。前年度から2千万枚減り、4年連続の減少になる。

「ニセ札」（贋札[14]）など通貨偽造は、国（通貨）の信用を揺るがし、国家の転覆をも生じかねない性質を持つため、どの国でも重罰が課される。日本では、刑法（第

(9) 他の国々も概ねそのような組み合わせである。

(10) 大蔵卿（現在の財務大臣）の松方正義の提議により。

(11) 通貨発行量ではない。

(12) 量的緩和というようなときに目標となっている通貨発行量とは、現金のみでなく当座預金も含んでいる（マネタリーベース）。

(13) 1万円札以外の紙幣・硬貨を含め、約1兆円となる。

(14) 英語だとCounterfeit/Fake Note。

１４８条）の通貨偽造罪が適用され、最低でも3年、最高で無期懲役となる。現在、国立印刷局以外のコピー機にはすべて「紙幣のコピー」を防止する機能が備わっている。

現金発行量とタンス預金

足元、現金発行量[15]は約１２０兆円[16]である。現在の紙幣に切り替わった２００４年では約65兆円であり、約５割も増加した。異次元の金融緩和を続ける日銀が大量におカネを供給していることが背景にある。このうち、約60兆円は金融機関に預けない、いわゆる「タンス預金」であり、同様に増加している。

日本の現金発行量はＧＤＰ対比で約２割である。先進国は大体１割ぐらいで、北欧は極端に少なく約１％であり、日本はここでも現金需要が多いということが分かる。

タンス預金が増加した理由は、２０１６年からのマイナス金利などの低金利政策によって預金の金利（魅力）が低下したためといわれている。タンス預金の問題は、金融・経済的な弊害、つまりマネーロンダリングに流れる危険（反社会勢力対応）、

(15) 現金は金額でいうとほとんどが１万円札を含む紙幣である。

(16) 一人当たり約１００万円である。

税金の捕捉が及びにくい（脱税防止）、金融政策の効果の低下（政策効果の向上）である。そのため、第1章で解説した様に、キャッシュレス化によって、タンス預金を政策的に減らそうとしている。

インドの紙幣廃止

新興国のインドでも、1000ルピーと500ルピー紙幣の廃止を行った。[17] フィンテックの発展の一条件であるが、インドは金融・決済インフラも発展途上であり、銀行に預金されておらず、銀行口座保有率は人口の約5割である。しかも、新興国らしく「地下経済」がGDP対比約4割もある。所得税納税者は全人口の約3％に過ぎない。このような状況を改善すべく、また、国民の財産把握のために2016年に突然、紙幣の廃止を行った。その時に、新紙幣500ルピーと2000ルピーを発行した。[18] この交換は銀行で行った。その個人情報と換金金額は税務署に、そのまま連絡が行き、財産把握（脱税防止）が可能になった。またインドは29の州があるが、国のように税制が別々であった。2017年に物品・サービス税（GST[19]）を導入し統一した。

(17) 足許、日本でルピー現金を買うと大体2円程度。インドルピー現金は海外持ち出し禁止なので、日本で両替は出来ない。ちなみに、ルピーの語源は〝銀〟である。

(18) この施策を一部は「高額紙幣の廃止」と言っているがそうではない。2000ルピー札が現場の必要性から、新しく発行した。

(19) Goods & Service Tax

米国の硬貨不足

足元、米国の決済手段で現金は約３割に満たない。それでも10ドル未満の決済に絞ると現金支払は約５割に達する。最近、米国は硬貨不足の事態になった。新型コロナで小売店や銀行が営業を休止し、消費者もコインを使わなかったため、流通が滞り、硬貨は消費者の手元に滞留している。ＦＲＢは昨年７月から前年比７割増となる毎月17億万枚のペースでの硬貨の増産に入っている。

この問題は、日々の生活を現金払いに頼る低所得者層の生活に直撃した。個人運営の食品店などが加盟する全国食料品店協会によると客の５人に１人は現金支払いで、個人運営の食品店は銀行口座を持たない顧客が多い。こうした顧客の日々の買い物に支障がでる。米国民の〝約７％〟が銀行口座を持たず、人種別では黒人の約２割、ヒスパニック系の１割強となっている。格差の問題なのである。

スウェーデン[20]の過度の電子化[21]

北欧は、電子化比率が高い国々で、逆に（コスト削減等のためにも）現金が使用できる店舗が減ってきている。最近、その弊害が出てきており、電子マネーやモバイル決済に弱い高齢者が現金で日用品を購入しようとしても、できなくなっている。特に生活に密着している決済系インフラの電子化も100％にいきなりすればよいというわけではなく、デジタル対応が可能な年齢層の移行に合わせて進めることが大事である。要は〝人〟に合わせたデジタル化の〝加減〟にも注意しなければならない。言い方を変えると、デジタル化は〝年齢〟と関連が深い。

2 電子マネー

電子マネーとは〝企業〟により提供される、（日本では）〝円建て[22]〟の新型決済イ

(20) 北欧の国々は、雪に閉ざされるせいか、IT・ネット系の発達している国が多い。フィンランドのノキア、エストニアのSkypeや電子申請などが有名である。

(21) 小国だからこそできるともいえる。人口約一千万人。

(22) 邦貨建て。

ンフラであり、法的な通貨（法定通貨：日本では円）そのものではない。レジなどにある決済用端末にカードを通したり、かざしたりするだけで決済（支払）が済む。小銭を持ち歩いたり、お釣りを受け取ったりするといった手間を省ける。

電子マネーは「プリペイド」（前払：Pre-Paid）方式と「ポストペイ」（後払：Post-Pay）方式があるともいわれる。しかし、厳密にはプリペイド方式の電子マネー（前払式支払手段）は資金決済法にも電子マネーと規定されているが、ポストペイ方式（後払式支払手段）は電子マネーではない。ポストペイ方式は一時的に立替えが発生し、実質的には「クレジットカード[23]」である。

顧客（消費者）は〝あらかじめ〟ICカードやスマホ決済インフラにバリュー（金銭的な価値）をチャージ（入金）し、これを利用する。店頭での商品購入では、現金などで代金を支払う代わりに、消費者の持つバリューを減算し、同時に店舗側のバリューを増加させることにより支払が完了する。前払式支払手段は、紙（商品券）→（ICチップ付）カード→スマホ（モバイル決済）と進化している。

①商品券[24]〈紙〉

プラスティックではない、デパートなどの紙によるもの。ギフト券ともいう。発行は多岐にわたる。商品券とギフトカードの違いは、紙かプラスティックカードか

---

(23) 次の第6章口座振替系決済で解説する。

(24) 『プレミアム付き商品券』は景気回復のため、税金で補助して額面以上の金額を使えるというもの。全国の9割以上の自治体で発行されている。最近では電子化も進行している。

の差による。

②ギフトカード[25][26]〈プラスティックカード〉

紙ではなく、プラスティックのプリペイドカードで基本的に〝電子〟マネーである。こちらも発行は多岐[27]にわたる。コンビニエンスストア等でもAmazon、Apple等多数のカード[28]が様々な金額で発行・販売している。ネット購入等でも使用できる。

③ＩＣカード型電子マネー〈プラスティックカード〉

プラスティックカードにＩＣチップが付いたもの。発行者によってＳｕｉｃａ（ＪＲ東日本）、ＰＡＳＭＯ[29]（首都圏の私鉄系）、ｎａｎａｃｏ（セブン＆アイ系）、ＷＡＯＮ（イオン系）、楽天Ｅｄｙ（楽天系）等がある。

④スマホ型モバイル[30]電子マネー〈スマホ〉

カードの代りにスマホ（スマートフォン）のアプリにチャージさせる電子マネーのこと。携帯電話のころに始まったサービスの名称が残り、一般的に「おサイフケータイ[31]」と呼ばれる。

⑤ＱＲコード型モバイル電子マネー（後述）〈スマホ〉

ＱＲコードを使ってモバイル決済する電子マネーのこと。中国の「アリペイ」、「ウィーチャットペイ」がこれに当たる。日本の「～Pay」といわれるスマホ決済

---

(25) 「Vプリカ」（Visa）のようにネット専用のプリペイドカードもある。「サーバー上の電子マネー」とほぼ同じ性質を持つ。

(26) 「バリアブルカード」とも呼ばれるチャージが可能なカードもある。こうなるとICカード型電子マネーと変わらない。

(27) テレフォンカードは限定型のギフトカードである。

(28) シートタイプ（打出した紙）もある。

(29) 株式会社パスモが発行・運営している。

(30) Mobile：移動可能なの意味で、タブレット、パソコンや、主としてスマー

インフラも同様である。

⑥サーバー型電子マネー〈サーバー〉

ネットワーク上のクラウドのサーバーにバリューを補完する。「WebMoney」（ウェブマネー）、「BitCash」（ビットキャッシュ）等がある。海外および国際的な取引では「PayPal」（ペイパル）がある。

⑦ポストペイ型電子マネー（後払式支払手段）〈カード・スマホ〉（第6章で解説）

〝立替え〟が発生するため、仕組みとしては電子マネーではなく、実質的には〝クレジットカード〟である。「iD（NTTドコモ）」、「QUICPay（JCB）」、「Visa Touch（Visa）」等がある。

3　企業通貨

「企業通貨(32)」とは（民間）企業が発行するポイントから電子マネー全般のことと定義する。いわゆる〝マイレージ〟のような単純な「企業ポイント」から、共通化

トフォン（スマホ）など携帯（移動）可能な情報端末のこと。

(31) 当初は、2004年にNTTドコモが導入したサービス名であった。

(32) 「決済インフラ」同様、筆者が定義し名付けた。

されて「共通ポイント」が登場し、「電子マネー」へも交換できるようになっている。企業ポイント制度は、英語ではLoyalty Program[33]といい、各種の商品・役務の購入金額あるいは来店回数等に応じて、一定の条件で計算されたポイントを顧客に与えるサービスのことで、顧客は、ポイントを次回以降の購入代金の一部に充当し、商品やサービスと交換することができる。もちろんこのポイントが次回以降のインセンティブになる。

日本銀行を始めとした中央銀行が発行した現金は、前章で説明した「決済完了性[34]」を保有しており、現金の受渡で決済が完了する。民間企業等が発行した電子マネーやポイントを始めとした「企業通貨」は決済完了性がない。一言でいうと、民間の発行主体（運営企業）が〝倒産〟する可能性があるからである。

さらに、日本銀行が発行する「通貨」の信用（信認[35]）の拠り所については、法律に加え、通貨を発行するときにほとんどの場合、「国債」を購入して対価として供給する。すなわち日本銀行の保有資産としての国債にその拠り所がある。「国債」は日本国政府が発行しているので、政府が保有する「徴税権」が最終的な拠り所となっている。そのような観点では、足元、個人資産合計は約１８００兆円であり、このうち銀行預金が約１０００兆円強、また国債発行額は約１０００兆円強であり、こ

(33) 「忠誠」の意味である。

(34) 現金の授受以外の決済完了性は、日銀当座預金における受渡において付与される。決済システムを通じて行われている場合には、その決済をもって付与される。

(35) 〝通貨〟における信用を、特に「信認」ということが多い。

のバランスが通貨の信用の一つのベースになる。

特にポイントを付与する事業者は、このサービスをマーケティングにも活用する。顧客は自分の個人情報、そして購買パターンなどの情報を供与することになる。それはすなわち個人情報漏洩のリスクもある。

顧客はこのポイント（企業通貨）を貯めるが、「ポイント交換」も可能で、集中させることも可能である。また、そもそも提携先を増やし、共通ポイントとして集中させるものもある。

さらに、その企業通貨を〝電子マネー〟等に交換することも可能である。しかし、これは企業に通貨発行を認めるようなものであるが、あくまでもポイントは「おまけ」の位置づけで、〝少額〟ということで認められている。この部分の動きが、省庁をまたいだ法律の横断的対応が必要な部分である。特に「共通ポイント」を手がける企業が電子マネーに参入する制度もある。さらには、アンケート等に答えたり、友人を紹介することによって、ポイントを増やせる「ポイントサイト」もある。最近では「ポイント投資」も行われ始めた。

日本銀行は自身が行っている金融政策・資金供給に影響を与えることのない量ということで認可している。一般的におカネに近い形にできる実質的な限度額は〝2

万円程度〟となっているようである。逆に航空会社などの高額購入以外はポイントの蓄積が少額であり、大きい金額になりにくい。そのため、「ポイント経済」は拡大しにくく、経済の柱にはなりにくい。

（1）企業ポイント[36]

航空会社[37]系（ＪＡＬマイレージバンク・ＡＮＡ[38]マイレージクラブ等）、ＥＣ系（楽天ポイント等）、デパート・スーパー、クレジットカードを始め〝多数〟存在する。

最近では、航空会社のマイレージ事業は担保価値を持ち、資金調達を可能としている。２０１０年の日本航空破綻[39]の時には、株式は無価値になったが（優先順位は不透明であるが）、マイレージ[40]は保護された。一般的には有効期限がある。

（2）共通ポイント

提携先と共通でポイントを貯め、使用ができる。さらに企業ポイントから、関連のある電子マネーに交換できる。代表的な先は「Ｔポイント」（カルチュア・コンビニエンス・クラブ：ＣＣＣ）、「Ｐｏｎｔａポイント」（ロイヤリティ マーケティ

---

(36) 和製英語であるが、ポイントプログラム・ポイントサービスともいう。

(37) 航空会社では、特にＦＦＰ（Frequent-Flyer Program）ともいう。

(38) 20年に、ＡＮＡはＡＮＡＸで銀行代理業に参入し、スマホ決済「ANA Pay」を、ＪＡＬはネット銀行サービス「NEOBANK」を開始した。

(39) 公的資金３５００億円が注入され、12年再上場した。

(40) 負債勘定となる。

ング：Loyalty Marketing)[41]、「dポイント」（NTTドコモ）、「楽天ポイント」（楽天）、「nanaco（ナナコ）」（セブン&アイ）、「WAON」（イオン）などがある。

（3）ポイント交換サイト

数多い企業ポイントや共通ポイントを、〝外国通貨〟の様に交換する・まとめられるサイトもある。基本的には、交換比率でいうならばポイントはそもそもの企業で使うのが率としては最もよい。交換を重ねるほど目減りしていく。代表的な先は、「ジーポイント」（Gポイント）、「PeX（ペックス）」、「ドットマネー」（.money）、「ポイントエクスチェンジ」（Point Exchange)」、「ネットマイル」（Net Mile）等がある。

（4）ポイントサイト[42]

アンケートへの対応、友達の紹介、広告の視聴などでポイントが付与される、ポイントを〝貯める〟サイトである。代表的な先が「モッピー」、「げん玉」、「ポイントタウン」、「ちょびリッチ」、「ポイントインカム」等がある。

---

(41) 三菱商事の関連会社である。

(42) ポイントを貯める、交換するという行為は、時間と手間が掛かる。

外国通貨

現金（通貨）の分野では「外国通貨[43][44]」（現金）も考える必要がある。１９９８年の外為法改正[45]で、外国為替銀行制度、指定証券会社制度、両替商制度の廃止など外国為替業務[46]に着目した規制が撤廃され、銀行以外の者でも〝自由〟に「外貨の売買」を業務として行うことが可能になった。

ただ1カ月の両替額が１００万円を超えると「報告義務」がある。なお切手や商品券、テレフォンカード（テレカ）は「古物商[47]」の許可証（免許[48]）が必要である。外貨現金の売買には古物商の免許も不要なので、銀行、両替商（両替所）、金券（チケット）ショップ（古物商[49]）、旅行代理店、ホテル等[50]でも外貨両替ができる。

現在、三菱ＵＦＪ銀行[51]グループ外貨両替の専門店「ワールドカレンシーショップ」では以下の21[52]の外貨現金（紙幣[53]）を取り扱っている。通貨は米ドル、ユーロ、イギリスポンド、スイスフラン、オーストラリアドル、香港ドル、カナダドル、シンガポールドル、ニュージーランドドル、スウェーデンクローナ[54]、ノルウェーク

---

(43) 当局（国）の外貨準備でもそうであるが、「金」を外国通貨と同様な商品ということができる。

(44) 現金の授受は決済完了性（ファイナリティ）があるが、それはその現金が「現金」であることが確認された場合のみである。外国通貨はいわゆる偽札が交じる可能性があることから、決済完了性は完全ではない。また、基本的にその国の法律が及ぶ範囲は国内においてである。

(45) 「外為管理法」と吸収された。

(46) 為替取引、預金の受入れ等の業務を行うことについては、別途、銀行法等の適用がある。

ローネ、デンマーククローネ、タイバーツ、韓国ウォン、ニュー台湾ドル、中国元、インドネシアルピア、パシフィックフラン[55]、マレーシアリンギット、ベトナムドン、フィリピンペソである。

外国現金の取扱いは、もちろん為替レートの変動のリスクがあり、保有しているときには無利子で、盗難や偽札のリスクもあり、金融機関としては対応コストが高い。そのため取扱をやめる金融機関が増えている。米ドルが主であるが、ニセ札もあるため紙幣鑑別（鑑定）機も使用している。

トラベルプリペイドカード

「トラベルプリペイドカード」[56]は、海外（旅行）で使用できるプリペイドカードである。カードで持ち歩くことができ、海外でのショッピングや現地通貨の引出しにも使える。年齢制限もなく、海外出張、海外旅行や海外留学に行く学生にも向いている。

以前は「トラベラーズチェック」（TC／Traveler's Check：旅行小切手）があったが、マネーロンダリングの規制強化で2014年に販売を終了した。その役

---

(47) 質屋は貸出であり、保管設備、いわゆる「質の蔵」の建設で、火事でも燃えない、地震でも倒れない、水害でも水没しない、ある一定以上の空間が必要になる。

(48) 警察署に申請して取得する。

(49) 質屋と併設されていることが多い。

(50) 大手カメラ店も店舗で外貨両替を始めた。

(51) 外為専門銀行東京銀行（横浜正金銀行）の流れを汲み、メガバンクの中でも、伝統的に外国為替業務に強みを持つ。

(52) 成田空港内の地方銀行（千

割を引き継ぐものである。

ＪＡＬの「JMB Global Wallet」は15通貨の取引ができ、ＪＡＬマイレージバンク機能がついている。ＡＮＡの「ＡＮＡマイレージバンク／Sony Bank Wallet」は10通貨で取引ができる。

代行決済

(1) 代引決済

代引[57]決済（ＣＯＤ：Collect On Delivery）とは、宅配業者の業務拡大によって可能になったサービスで、商品代金をお荷物の受け取り時に支払う方法のことである。いいかえれば、顧客宅の玄関口で商品と代金（現金）などを〝同時〟に受渡しを行うことによって決済を行う。

決済リスク（前述）、それも交換型決済における決済リスクは受渡しの時差（タ

葉興業銀行）の出張所では以下の27通貨を両替可能（円→外貨）なところもある。具体的には三菱東京ＵＦＪ銀行の21通貨に加え、ＵＡＥ（アラブ首長国連邦）ディルハム、チェココルナ、トルコリラ、ブラジルレアル、メキシコペソ、ロシアルーブルの６通貨が可能となっている。

(53) 一般的に両替は「硬貨」は取扱っていない。

(54) 日本の銀行では、スウェーデンクローネとしているところもあるが、これは間違いで、クローナ（krona）が正しい。

(55) ＣＦＰフラン（Change Franc Pacifique：Pacific Franc Exchange：太平洋フラン通貨）ともいう。ニューカレドニアやタヒ

イムラグ）によって発生する。しかし、この場合のように、受渡しを同時（時差ゼロ）に行うことにより、決済リスクは消滅する（ゼロになる）。この構造が、外為や証券などの交換型決済のリスク削減の基本的な考え方である。

代引決済[58]は、ショッピングサイトで利用される決済の中で、クレジットカード決済に次ぐシェアを有している。佐川急便（e－コレクト）、ヤマト運輸（宅急便コレクト）等が実施している。また、「着払い」は運賃を荷物の受け取り時に支払う方法である。

（2）収納代行

コンビニエンスストアなどで収納代行時にデータとしての〝情報〟の授受[59]の〝やり方〟には、一般的にはＱＲコードとバーコードがある。この２つのコードは物の売却の時にも使用される。

ＱＲコード

「ＱＲ[60]コード」とは、デンソー[61]が１９９４年に開発した２次元コード[62]である。ロ

チなどフランス領ポリネシアの通貨である。

(56) 三菱ＵＦＪ銀行で販売している商品。マスターカード（子会社）が発行している。

(57) 「代金引換」の略語である。

(58) もちろん、手間も増えるため、一般的に別途「代引手数料」が掛かる。

(59) 一般的にリテール関係の決済の場合である。

(60) Quick Response の略語である。

(61) 現在は、デンソーの子会社デンソーウェーブの登録商標となっている。

イヤリティフリー[63]にしてから、アジアを中心とした世界に普及[64]した。先に述べた中国のQRコード型モバイル決済（ウィーチャットペイとアリペイ）が中国で普及し、日本では逆輸入のような形で拡大した。

バーコード

「バーコード」（Barcode）[65]とは、レジスターなどの機械が読み取りやすいデジタル情報として入出力できる一次元のコードである。製造国や希望小売価格などの情報が入っている。

「コンビニ決済」は、主としてバーコードの読取り機能を使うことによって、詳細なデータをシステムに取込み、公共料金や税金等の代金を支払うサービスである。従来、公共料金や税金等の代金支払いは銀行窓口で行っていたが、コンビニエンスストア（コンビニ）の業務拡大によって可能になった。このほか、コンビニは銀行[66]やあらゆる決済サービスに対応しているなど金融業務への対応が著しい。

足元、全国展開しているコンビニは全体で約6万店[67]、大手ではセブン－イレブン（約2万1千店）、ファミリーマート（約1万6千店）、ローソン（約1万4千店）

(62) 特に、四隅の一角を空けることによって、2次元のコードをぶれずに読み込める。

(63) 知的所有権に関する追加の使用料（ロイヤリティ）の発生を放棄すること。

(64) 日本人がQRコードをやや古い技術と感じるのは、このためである。

(65) 米国の大学院生が1949年に開発し、1952年に特許を取得した。

(66) セブン銀行など。

(67) 美容院（所）は約25万店、理容院（所）は約10万店ある。

などがあり、郵便局（約２万４千店）に十分対抗できる。セブンはソフトバンク、ローソン（三菱商事）はＫＤＤＩ、ファミリーマート（伊藤忠）はＮＴＴドコモと組んでデジタル化を進めている。

第6章 口座振替系決済

Introduction of Settlement Infrastructure

図表6－1　口座振替系決済

決済手段	1	口座振替
	2	ペイジー
	3	デビットカード
	4	クレジットカード
	5	キャリア決済
	6	SNS決済
	7	海外ウェブ決済
代行主体	8	決済代行サービス会社
	9	システム代行

（出所）筆者作成

銀行の新型決済インフラを解説する。

基本的には「銀行口座」をベースとする「口座振替」であり、顧客と銀行の間の決済である。〈図表6－1〉。銀行（預金取扱機関）が現金取扱、銀行口座保有、銀行間の決済という実体経済の重要な〝主体〟である。

いわゆる「電子決済」で、現金を用いずにデビット（預金自動引落）カード、クレジットカード、新型決済インフラの〜PAYなどスマホ決済インフラ（サービス）があるが、とにかく政策として推進され、増加している。

また、アマゾンなどECサイトの普及でスマホ決済などの利用が拡大している。送金の手間や費用を省く利便性がある一方、決済情報や個人情報が記録に残るため、第三者に流出するリスクがあり、注意が必要である。

1 口座振替

「口座振替」(DD：Direct Debit)とは、公共料金等の支払が自動的に銀行の預金口座から引落とされるサービスである[1]。Debitとは「引落」の意味である。利用企業が、顧客からの申込書(預金口座の印鑑付き)を銀行(支店)に提出して登録し、導入される。

実はこの「口座振替」という決済インフラ[2]は、他の先進国と比べて「日本」で多く使用されている。日本は現金決済比率が低い[3]といわれているが、その計算にこの口座振替が入っていないことが多い。この金融庁所管の銀行の口座振替等も入れると、約6割ともされている。

---

(1) クレジットカードの決済も最終は口座振替である。

(2) 実はこの「口座振替」はある意味、銀行に引落しの全権を与えるようなもので、銀行の事務が信用できることが必要不可欠である。海外の銀行と比べ、日本の銀行の事務の信用度が高いことを表しているともいえる。

(3) 第1章で述べたが、日本は政策的に現金を削減し、電子化を推進しようとしている。

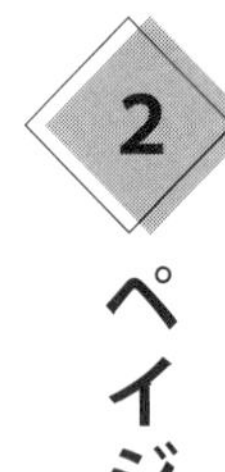

ペイジー

「ペイジー」(Pay-easy)とは、税金を始めとした公共料金などの決済を、金融機関の窓口やコンビニのレジではなく、パソコンやスマホ(スマートフォン・携帯電話)、ネットやATMから24時間支払うことができる、2001年に開始された決済インフラ:電子決済による収納代行サービスである。税金、電話料金、保険などの決済が可能で、ほとんどの銀行で利用可能である。

収納機関(民間・地方公共団体・官公庁[4])と金融機関との情報の受渡は、紙[5]や磁気媒体、個別のネットワークなどを利用して行われてきた。しかし、納付できる時間や場所、収納事務(用紙)など大変な手間がかかり、これに対応したものである。システムは、「マルチペイメントネットワーク」[6](MPN)[7]で、収納機関と金融機関を結び、顧客・金融機関・収納機関の間で発生する、様々な決済にかかわるデータを伝送するインフラである。富士銀行[8](現、みずほ銀行)などが共同で運営する「日本マルチペイメントネットワーク運営機構」(J.A.M.M.O.)[9]が運営している。

---

(4) デジタル化の一環で、地方公共団体などがバーコードを入れるなど、対応していなかった先に対応が指示されている。

(5) 各公共団体で用紙が違っていたので、対応に手間が掛かった。

(6) 通称「マルペイ」である。NTTデータが開発・運営をしている。

(7) Multi-Payment Network

(8) 富士銀行は代々、「公金」取扱いに強みがあった。公金とは、国家、または地方公共団体のおカネのことをいう。以前は、国家公務員、地方公務員を始めとした公務員は、公平性の観点から民間銀行の預金口座に給与振込ができず、現金

3 デビットカード決済

「デビットカード」（Debit Card）とは、預金口座と紐付けされた「即時決済」（支払）[10]用カードである。金融機関が発行し、取引の際に使用すると代金が預金口座から引き落とされる仕組みである。ＶＩＳＡ、ＪＣＢなどの国際ブランドも参入し、クレジットカードの仕組みと近いが、原則として立替[11]はなく預金の口座残高を超えない範囲で使用できる。

「J-Debit」[12]（ジェイデビット）は、２０００年に（当時の）富士銀行（現、みずほ銀行）とゆうちょ銀行が中心となってスタートしたサービスで、金融機関で発行されたキャッシュカードが、買物や食事代の支払にそのまま利用できる。支払の際にキャッシュカード（デビットカード）を提示し、端末に暗証番号を入力すると、利用代金が顧客の金融機関の口座から即時に引落とされ、銀行、信用金庫、信用組合、労働金庫や農協・漁協といった全国ほとんどの金融機関が発行したキャッシュカードがそのまま使える。

手交であった。

(9) Japan Multi-Payment Network Management Organization

(10) 預金自動引落ともいう。

(11) 立替がないため、金融機関には決済リスクは生じない。そのため利用開始は無審査である。米国では「リーマンショック」（２００８年）が発生し、個人の信用が痛み、クレジットカードがカード会社から解約されるケースが多発し、その時に電子マネー同様、デビットカードの使用が拡大した。

(12) 「J」はJapan（日本）のJである。みずほ系は「J－」を付けることが多い。

J-Debitのほかにも、クレジットカード会社系の「Ｖｉｓａデビット」、「MasterCardデビットカード」、「ＪＣＢデビット」等のほか、中国の「銀聯カード」もデビットカード機能があり、当初はデビットカードとしての使用がほとんどであった。

デビットカードはその立替がなく（〝信用〟に基づいたものではなく）、その形態からいって、クレジットカードよりも電子マネーに近く、足元、メガバンク等は、電子マネーの代わりに、デビットカード[13]を推進している。

4 クレジットカード決済

「クレジットカード」（Credit Card[14]）とは、店頭やネットといったマルチチャンネルで、主として商品やサービスの購入等に使われる、後払決済（支払）手段である。16桁の契約者の番号その他が記載されたカードを使用し、暗証番号で照合する。ネットでは、3桁のセキュリティコードも入力することが多い。

(13) 日本ではあまり人気がないが、英国等ではデビットカードが広く使われている。

(14) Creditとは、そもそもは「信用」のことで、後払やツケ払のことをいう。

クレジットカードのビジネスモデルは、「サービス」を受ける方が手数料を払うのではなく、「店舗」が払うという特殊な形である。２０１９年10月から20年6月まで実施した政府のポイント還元策では、参加事業者に決済手数料の開示と、手数料を３・25%以下[15]に抑えることを求めていた。

クレジットカードの世界6大「国際ブランド」とは、「ＶＩＳＡ[16][17]」（ビザ／約5割強）、「Mastercard[18][19]」（マスター／約3割弱）、「中国銀聯」（ＣＵＰ[20]／約1割強）、「アメリカン・エキスプレス[21]」（ＡＭＥＸ[22]／約7%）、「ＪＣＢ[23]」（約3%）、「ダイナース[24]」（Diners）（約2%）である。

クレジットカード業界に特有の存在である「イシュア」（Issuer：発行会社）は国際ブランドからライセンスを取得し「顧客」を獲得する。イシュアの大手は三井住友カード、三菱ＵＦＪニコス、ＥＣ系は楽天カード、上場大手4社としてイオン、クレディセゾン、オリコ、ジャックスである。また、クレジットカード業界には、「加盟店」を取得し、国際ブランドに取り次ぐ「アクワイアラ」（Acquirer：獲得会社）という主体もある。

クレジットカードは、足元、平均の決済単価は「約5千円」である。電子マネー（スマホ決済インフラ）と比べると高額決済である。

---

(15) 最近、手数料の引き下げ競争が発生しており、2・7%を提示しているカード会社もある。

(16) Value International Service Association が元々の名称である。バンク・オブ・アメリカが作ったカード会社が始まりである。

(17) ＡＴＭネットワークの「Plus」を提供している。

(18) チェース・マンハッタン銀行を中心に作ったカード会社が始まりである。欧州に強みを持つといわれている。「Priceless」がキャッチフレーズである。

(19) ＡＴＭネットワークの「Cirrus」を提供している。

「後払型電子マネー」（支払手段）も、立替が発生することから実質的にクレジットカードに分類される。「・ｉＤ」[25]（ＮＴＴドコモ）、「QUICPay」[26]（ＪＣＢ）や「Paidy」（ペイディ）等がある。後払型電子マネーとしての使用メリットは、その名の通り、事前にチャージが必要ないことである。

「キャリア決済」とはクレジットカード決済と同様な仕組みの後払決済である。スマホ・携帯電話の〝（通信）キャリア[27]〟が、加盟店から譲り受け、その代金をキャリアの携帯電話料金と一緒に支払う決済スキームである。「ドコモケータイ払い」（ＮＴＴドコモ）[28]、「ａｕかんたん決済」（ａｕ）、「ソフトバンクまとめて支払い」（ソフトバンク）[29]などがある。

請求書の内訳には通話料等と分けて表示され、キャリア決済を利用した履歴が残る。後払いということで、クレジットカードと同様な機能となっている。クレジットカードと比べ、限度額はそれほど大きくなく、５万円か10万円程度となっている。

---

(20) China Union Pay

(21) ウェルズ・ファーゴ銀行関連の運送業者が、その始まりである。

(22) American Express

(23) Japan Credit Bureau の略で、三和銀行が中心となり設立した。

(24) レストランでの使用を強みとしていたので、名称が「夕食をする人」である。

(25) ＮＴＴドコモが運営。「自己証明、存在証明」を意味する「Identity」と「身分証明書・社員証」などを意味する「i-D」から。

新型決済インフラの登場

初期のフィンテック[30]はみな、パソコン（インターネット）を使った送金系の決済インフラだった。ビットコインなどの仮想通貨もそうだし、「PayPal」（ペイパル[32]）もそうである。PayPalは、１９９８年にカリフォルニア州サンノゼで設立された電子メールアカウントとインターネットを利用した決済サービスを提供するアメリカの企業である。

そのころはスマホがまだ普及しておらずパソコンを使用した〝ウェブ型〟電子マネーであり、PayPal口座間やクレジットカードでの送金や入金を行った。その後、インターネット・オークションの「eBay」に２００２年に買収され、ＥＣ[33]サイトの一部（子会社）となっていたが２０１５年に独立した。

PayPalが大きく拡大したのは、２００８年のリーマンショックがきっかけである。リーマンショックの影響で個人の信用が痛み、多数の方がクレジットカードを解約された。そのため、フィンテックの電子マネーやデビットカードの使用が増加

---

(26) Quick & Useful IC Paymentの略語である。

(27) Carrier. 電気通信サービスを提供する事業者、回線業者のこと。

(28) ＮＴＴドコモは（登録）資金移動業者である。

(29) 子会社ソフトバンク・ペイメント・サービスが（登録）資金移動業者である。

(30) PayPal、M-ペサ、アリペイ、ビットコインなど。

(31) 銀行などの金融機関とフィンテックの方々とは用語が違う。フィンテックの方では、送金が振込のことで、決済はサイトなどで商品購入などで支払のことである。

した。

さらにＥＣにおいては、様々な形で決済サービスが拡大している。アマゾン（Amazon）[34]は、「Amazon Pay」[35]を提供している。このサービスは、アマゾン・ジャパン以外のＥＣサイトでも、アマゾンアカウントによるログインと、アマゾンを経由した決済を行えるようにするものである。ＥＣサイトから、決済も取り込んでいる。

決済においてシステムは重要な役割を果たす。企業も、銀行を始めとした金融機関も、決済サービスをシステムまで含めてアマゾン・ウェブ・サービス（ＡＷＳ）等にクラウド（アウトソーシング）し始めた。日本最大のメガバンク三菱ＵＦＪ銀行[36]が銀行の基幹系のシステムまでＡＷＳにクラウド化した。システムを含めたこのように決済や金融の潮流は、ブロックチェーンなどの分散化ではなく集中化して、さらにクラウド化に向かうのが流れである。

---

(32) PayPalは（登録）資金移動業者である。

(33) Electric Commerce：電子商取引のこと。

(34) Amazon.com（アマゾン・ドット・コム）は１９９４年に設立されたが、当初は「Cadabra.com」（カダブラ）であった。Cadaver（死体）と発音が似ているため変更した（アブラ・カタブラやアリ・ババなど、この分野では古い中東を題材とすることが多い）。世界最大の流域面積の南アメリカのアマゾン川から現在の名称を決めた。

(35) 以前はAmazonログイン・アンド・ペイメントと呼ばれた。

6 決済代行サービス

特に「中小企業」（法人）にとってＥＣ取引をしたとしても自ら決済を行うことはコストがかかる。そのためシステム的に「決済代行サービス会社[37]」（決済代行業者：決済サービスプロバイダー：ＰＳＰ）が存在する。

現在、様々な決済の代行が可能になっている。クレジットカード、代金引換、銀行振込、コンビニ、電子マネー、ネット銀行、キャリア、口座振替、収納代行、後払決済等あらゆる決済に対応する。２０２１年４月、決済代行サービスの監督を通じ安全性を高める「改正割賦販売法」（経済産業省所管）が施行された。

一方、２０１８年には銀行法の改正により「オープンＡＰＩ[38]」として「電子決済等代行業者」が誕生し、決済指図伝達と口座情報取得を業務としている。

また、特にクレジットカード決済やスマホ決済インフラなどを利用可能にする「端末機」（カードを通す端末）を導入するコストを削減する。端末機では「Square」、「STORES」（旧 Coiney）、「楽天ペイ」、「AirPAY」（エアペイ）、などがある。

(36) 「ＭＵＦＧショック」と呼ばれる。

(37) Payment Service Provider

(38) Application Programming Interface

主たる決済インフラ

決済や金融はフィンテックを見ても分かるように、ITサービス企業との関係が深いどころか一体化している。その中で「NTTデータ」（NTT DATA）[39]は、決済システムから決済代行まで様々な決済インフラを運用・対応している。NTTデータでは、金融機関同士や小売会社、クレジットカード会社、行政などの決済・収納窓口を結ぶ大規模ネットワークシステムを開発・運用してきたが、その商品ラインアップでまさに日本の決済インフラ全体を理解することができる。

①日銀ネット（日本銀行金融ネットワークシステム）（詳細後述）

日本の中央銀行である日本銀行の決済システムで、日本の決済の中核である。

②全銀システム（全国銀行データ通信システム）（詳細後述）

内国為替取引（振込）システムで、全国の金融機関相互でオンライン処理を実現している。

---

(39) 正式には、株式会社エヌ・ティ・ティ・データ。

③統合ATMスイッチングサービス（統合ATM）[40]

金融機関が保有するATM（現金自動預払機）の相互利用取引電文を中継するサービスであり、他行ATMを利用した現金支払、残高照会や、自行ATM、インターネットバンキングを利用した他行への振込に伴う口座確認等の各種サービスを都市銀行、地方銀行、信託銀行等、業態の垣根を越えて提供する。日本のATM／CDネットワークは、以前は金融機関の業態別に保有していた。現在は、それぞれのネットワークを統合した形となっている。代表的なネットワークは以下がある。

・都銀キャッシュサービス（BANCS）[41]：都市銀行ATM／CDの相互接続ネットワーク

・全国地方銀行協会システム（ACS）[42]：地方銀行ATM／CDの相互接続ネットワーク

・全国キャッシュサービス（MICS）[43]：民間金融機関（9業態）相互間のCD・ATMオンライン提携ネットワーク

④ANSER（アンサー）

ANSER[44]とは、40年以上運営[45]されている各種金融業務の自動化サービスである。金融機関の窓口やATMで行っていた金融取引（残高照会や入出金明細の連絡、顧

(40) Automated Teller Machineの略語である。

(41) BANks Cash Service の略語である。

(42) All Japan Card Service の略語である（「全国カードサービス」とも）。

(43) Multi Integrated Cash Service の略語である。

(44) Automatic answer Network System for Electronic Request

(45) 1981年に開始した。

客の口座からの振込・振替など）を会社や自宅、外出先などでも利用することを可能とするサービスである。

⑤ＣＡＦＩＳ（キャフィス）

ＣＡＦＩＳ[46]とは、クレジットカード決済の統合ネットワークシステムである。35年以上[47]運営され利用社数・取引量とも日本最大のカード決済総合サービスとなっている。全国の加盟店（店舗・企業）とクレジットカード会社や金融機関をネットワークで結び、各種カードでの取引や決済を処理する。

⑥マルチペイメントネットワーク（Pay-easy）（前述）

税金・各種料金の支払をパソコンやスマホで実現している。「日本マルチペイメントネットワーク運営機構」が運営し、税金や各種料金の支払いをインターネット等で行えるサービス「Pay-easy（ペイジー）」を提供するネットワークである。

⑦地銀共同センター（前述）

主に地方銀行向け勘定系システムの共同利用型センターで、決済を始めとした勘定系システムである。ＮＴＴデータではないＩＴベンダー[48]も行っているが、足元、地方銀行13行が参加している。

---

(46) Credit And Finance Information System

(47) １９８４年に開始した。

(48) ＩＢＭの「Chance 地銀共同化システム」、日本ユニシスの「BankVision」などもある。

第7章 決済システム

Introduction of Settlement Infrastructure

本章では〝金融機関〟間の決済インフラである「決済システム」について解説する。決済システムに参加できるのは、基本的には、日銀ネットと同様に基本的には「銀行」を主とした金融機関だけである。日本では企業や個人などでは参加できない。

日本銀行による、「銀行間の「おカネの受払」や「証券の受渡」等を、円滑に行うために作られた集中的な仕組みを、一般的に「決済システム」と呼ぶ。決済システムのうち、「資金（おカネ）」の受払を行う仕組みを「資金決済システム」、「証券」の受渡しを行う仕組みを「証券決済システム」という。こうした仕組みを構成する要素としては、コンピューター・ネットワーク等の物理的なもののほか、決済に関する契約、慣行上のルールや、関係法令等も含まれる。基本的には、国の単位が重要で、通貨と法律が規定する。決済ヒエラルキーとすると、中央銀行の次に位置する部分である。

（銀行）振込[1]

現在、最も一般的な「送金」の方法であり、金融機関（銀行等）に保有する預貯

（1）英語では、Bank Transfer、Money Transfer。

図表７－１　振込の分類と決済インフラ

行内振込	行内振替
他行振込	決済システム経由

（出所）筆者作成

金[2]口座に資金を払込むことである。また、〝同一顧客〟の〝口座間〟の資金移動は、一般的に「振替」という。

ちなみに、現金を直接送付する方法として、郵便局（ゆうちょ銀行）の「現金書留[3]」という手法もあるが、上限は50万円[4]である。

①行内振込（内部振替[5]）

銀行内部での資金の付替（振替）で、銀行の行内（勘定）システム内での口座間の記帳で完了する。この場合、外部との資金の授受は発生しない。外部の決済システムを使用しないために、決済システムの稼働時間や相手銀行の事情に左右されず、一般的に他行振込よりも遅い時間まで対応できる。

②他行振込

日本国内の他行にある口座への振込の場合は、基本的には銀行間の決済システムである「全銀システム」（詳細後述）で行う。ほとんどの日本の銀行（預金取扱金融機関）に送金が可能である。全銀システムとの資金の最終的な銀行間の決済は、日本銀行（中央銀行）に保有している金融機関の当座預金口座の付替で行う。

（2） 銀行では顧客預り金を〝預金〟といい、ゆうちょ銀行では〝貯金〟という。
（3） 手数料のほかに封筒代が21円かかる。
（4） 補償金額の上限であり、実質的な上限金額となる。
（5） 日銀ネットは基本的にはこの形である。

これが決済システムを通じた決済の基本的な仕組み[6]である。

※本邦5大決済システム

特に銀行間を結ぶ「資金決済システム」の構成としては、日本では「日銀ネット」「全銀システム」「外為円決済システム」がある。この三つは日本の決済システムの特徴でもあるが〝役割分担型〟となっている。日銀ネットが銀行間決済・全銀システムが個人・企業の振込、外為円決済システムは（機能的には、現在日銀ネットが全面的に代行しているが）外為・国際取引を対象としている。この三つは「順為替[7]」の決済となる。

手形・小切手を対象とした「手形交換制度」や電子記録債権（電子手形）を対象とした「でんさいネット」がある。この手形・小切手、そして電子記録債権も基本的には請求書のようなもので、「逆為替[8]」の決済となる。

（1）日銀ネット

「日銀ネット」（BOJ－NET）は、1988年に稼働（電子化）した日本銀行金融ネットワークシステム[9]の略称で、日本銀行自身が運営しているシステムである。

---

(6) 世界的に共通した仕組みである。

(7) 順為替：以下にある「逆為替」に対する用語で「並為替」ともいう。

(8) 逆為替：手形・小切手・電子記録債権が、資金と〝逆〟の流れとなることから。

(9) Bank of Japan Financial Network System

図表7－2　5大決済システムの関係

（出所）筆者作成

日銀ネットには資金決済システムの「当預（当座預金）系システム」と、証券（国債）決済システムの「国債系システム」（詳細後述）の二つがある。[10]他に「担保系システム」などがある。

「当預系システム」では、銀行などの金融機関が開設している当座預金（日銀当預[11]）の口座間の資金振替（内部振替）によって決済を行う。

対象取引は、金融市場取引や国債取引にかかわる資金決済や、全銀システム・外為円決済システム・手形交換などの資金決済システム（集中決済制度）にかかわる最終資金決済を行っている。電子化前[12]は引出用の「日銀小切手」（紙）と振替先指示用の「振替依頼書」（紙）を持込んで決済を行っ

(10) 他に担保系システムもある。

(11) 都銀、地銀、第二地銀、信託、外銀、信金、生損保等が開設している。銀行以外は、国債取引のため。生損保は当座預金の口座を開設していない。

(12) 現在でも、コンティンジェンシープラン（緊急事態対応）の時には、日銀小切手などの〝紙〟で行う。ほぼすべての決済システムは、年1回コンティンジェンシー対応の予行演習を行っている。

ていた。

現在の稼働時間[13]は8時半から21時である。２００１年にＲＴＧＳ化したが、ＣＬＳ銀行（詳細後述）対応のため17時から2時間延長した。当初、この2時間は、基本的には「ＣＬＳ決済」専用なので、希望する先（延長対象先[14]）のみが対象となった。希望しない先は今まで通り17時に終了し、ＣＬＳ銀行の決済に参加していないほとんどの銀行の業務への影響はなかった。その後、２０１６年に新日銀ネットの機能の一環として現在の稼働時間とした（詳細後述）。

中央銀行ＲＴＧＳ決済に必須である日中の流動性供給は「日中当座貸越」（日中Ｏ／Ｄ[15]）を供与する。一般的な先進国の日中流動性供給と同じく「無料・有担」で、金利は徴求されないが担保が必要である。担保の金額の範囲内で利用できる。国債、国庫短期証券、地方債、社債、資産担保債券、手形、ＣＰ、証書貸付債権などが適格担保とされている。

①次世代ＲＴＧＳ

次世代ＲＴＧＳ[16]とは、２００６年2月にスタートした日銀ネットの高度化と、民間決済システムで決済されていた大口決済を日銀ネットに一元化するという二つのプロジェクトであった。日銀による名称は、前者が「プロジェクトＡ」で後者を

---

(13) 国債決済も同じである。

(14) ＣＬＳ銀行参加行のこと。

(15) Ｏ／ＤとはOver Draftの略である。

(16) Next-Generation RTGS Project

「プロジェクトB」とした。

（プロジェクトA）欧米の中央銀行決済システムも同様の機能を持つが、待ち行列（キュー：Queue）[17]機能の構築、流動性節約（オフセッティング：Off-Setting）機能[18]（詳細後述）の導入、流動性節約機能のための専用口座（LSF[19]口座＝当座預金（同時決済口））の構築というものであった。2008年11月に導入された。

（プロジェクトB）[20]「外為円決済システム」の「時点ネット決済（モード）」（後述）は廃止され、すべての取引が日銀ネットLSF口座で決済されるようになった。また「RTGS決済（モード）」は引続き使用でき、即時決済される当座勘定（通常口）で決済されるが、従来通りCLS決済等に使われる。

「全銀システム」（内為取引）は大口（1件1億円以上）の国内振込（内為取引）は、こちらも全件、外為円決済同様にLSF口座で決済される。1億円未満の取引は従来通り全銀システムで決済される。ともに2011年11月に導入された。

---

(17) バス停などの待ち列のこと。

(18) 決済システムにとって、いかに流動性を少なくして、いかに早く支払指図を決済させるかということのシステム（アルゴリズム）が、決済の分野の最先端の研究である。アトランタ連銀が先行研究で最も進んでいる。

(19) 日銀の正式名称であるが、LSFとはLiquidity Saving Feature（流動性節約機能）の略語である。アルファベットが交じり珍しいが、正式な名称も「LSF口座」である。

(20) 今まで通り、支払指図を1件1件即時決済（RTGS）する「通常口」と、支払指図の差額を（ネット決済と同じような仕組

②新日銀ネット

日銀ネットのシステム[21]は1988年の稼働以来、同じシステム基盤を使用してきた。しかし、最近の著しいIT（情報技術）の進歩により、システム基盤を一新することとし、また同時に機能の改善を行った。

将来のシステム改修コストの増加を抑制するため、データベース、プログラム言語、処理方式もすべて刷新され、再構築された。プログラム言語はPL／1[22]からJava[23]に変更した。容量は約10倍にした。

国際標準コード体系ISO20022／XML[24]を採用し、稼働時間の大幅な拡大が可能となるシステム基盤が整備され、将来的な日本の決済市場の国際競争力強化にも資する構造とした。今までの日銀ネットにおけるバッチ処理は全面的に廃止され、全面リアル処理となった。また、2018年5月に実施した「国債決済期間短縮化（T+1化）[25]」を先行で取組む形になった。

日本銀行においても大きいプロジェクトで、第1段階開発分、第2段階開発分、そして稼働時間拡大の三つに分けて実施された。

（第1段階開発）国債系オペ等の受渡関連業務の変更により、新たに構築した

みで）決済する「LSF口座」の二つがある。

21 メインのシステムは東京都府中市にある。バックアップセンターは大阪にある。

22 ピー・エル・ワンと読む。1964年にIBMが開発した。名前は英語の「Programming language One」に由来する。多くの銀行が今も使用している。

23 1995年にサン・マイクロシステムズ（現オラクル）のグループが開発した。頭の一文字Jのみが大文字の「Java」が正式である。Java の名前は略語ではなく、サン・マイクロシステムズのキム・ポレーゼ氏（女性）がインドネシアのジャワ島から名付けたといわれてい

システムで、２０１４年1月6日にリリースされた。

（第2段階開発）国際標準書式ＩＳＯ２００２２／ＸＭＬ対応、稼働時間拡大対応、先日付入力等の決済業務の変更で、当預系を始めとするコア部分のシステムが、２０１５年10月にリリースされた。オンライン入力開始時刻を８時30分とし、同オンライン入力締切時刻を19時とした。日銀ネットを利用するすべての銀行が、日銀ネットの利用にかかる事務処理に対応する時間帯「コアタイム」（Core Time）を設け、コアタイムは当座預金決済のうち外国為替円決済にかかるものを除いて、９時から17時までとし、当座預金決済のうち外国為替円決済については9時から15時までとした。

（稼働時間拡大）新日銀ネットの稼働時間拡大（21時まで）[26]は２０１６年２月に実施し、当預系は8時30分～21時となった。稼働時間[27]も10時間30分から12時間30分に拡大した。証券も同様である。新日銀ネットにおける稼働時間拡大後は、海外の主要決済システムとの〝同時〟稼働時間[28]は日本時間で15時から21時となる。


る。

(24) 新日銀ネットの稼働開始時点では、金融機関等の意見を幅広く確認しSWIFTNetを新日銀ネットの通信ネットワークとして採用しないと公表した。

(25) 取引日（Trade Date：入力日）から「1日後決済」のこと。

(26) 延長日においては、当預系・国債系とも7時30分～21時となる。

(27) 米国の中央銀行の決済システムの稼働時間は21時間半、欧州は22時間半となっている。

(28) 日本銀行は、新システムの稼働を受けて、金融機関は海外への送金の受付

(2) 全銀システム[29]

「全銀システム」(全国銀行データ通信システム)は、国内における振込取引(内国為替)およびこれに伴う銀行間の資金決済を行う決済システムで、この仕組み(制度)を「全国銀行内国為替制度」という。「全国銀行資金決済ネットワーク」(全銀ネット[30])が運営している。全銀システムは、1973年に発足し、その後の内国為替業務の発展や参加銀行の拡大を経て、日本のほとんどすべての民間金融機関が参加している。

全銀ネットは資金決済法に基づき「資金清算機関」(CCP[31])として、日本で唯一免許を受けている。

振込等の銀行から送られてきた為替取引に関する支払指図は全銀システムのコンピューターセンター(全銀センター[32])でリアルタイム処理され、直ちに受取人の取引銀行宛に送信される。これと同時に、全銀システムでは、銀行からの支払指図を集中計算したうえで、銀行ごとに算出した〝受払差額〟(決済尻)を1日の業務終了後に日本銀行に対してオンラインで送信する。日本銀行では、全銀システムからの送信内容に基づいて各銀行と全銀ネットとの間で日本銀行当座預金の入金または

時間を延ばしやすくなる、としている。

(29) 全銀ネットと全銀システムで混同する方も多いが、全国銀行資金決済ネットワーク(「全銀ネット」)が運営しているのが「全銀システム」である。

(30) 社団法人東京銀行協会によって運営されてきた内国為替運営機構(1973年発足)を「資金決済法」に基づき組織化したもの。

(31) Central Counter Party

(32) 全銀センターは東京都江戸川区西葛西と大阪にある。

引落を行い、これにより最終的な銀行間の決済が完了する。

全銀システムは、①各銀行の当日即時決済（受取人口座への即時入金）や、②送金実行時の受取人口座自動確認など、ここまで対顧客で即時決済の決済システムはまさに〝世界最高峰のレベル〟である。特に受取人口座確認は、双方向性のネットワークになっており、名前まで確認できる。この機能のために振込のトラブルは激減した。

稼働時間は8時30分から15時30分となっている。また、月末日は、通例、決済件数が多いので7時30分から16時30分となる。１日平均約６５０万件、12兆円余りが決済される。

決済リスク管理策としては、仕向超過限度額管理制度、担保・保証の差入れ、ロスシェア・ルール、流動性供給スキーム等があり、最大の債務額を有する上位2行が同時に破綻しても全体の決済を完了できるという「ランファルシー＋１（Lamfalussy Plus One）」のＢＩＳ基準を達成している。

銀行間手数料

全銀システムが１９７３年に稼働開始してから約50年であるが、公正取引委員会が半世紀不変を問題視したことをきっかけに、銀行間の振込手数料を引下げることになった。全銀システムを通して振込む時に、仕向け銀行から被仕向け銀行に「銀行間手数料」を払う。3万円未満[33]は117円、3万円以上は162円であったが2021年10月をめどに一律62円にする。1件当たりの処理コストは約44円である。振込を依頼している新型決済インフラ勢には追い風であるが、銀行にとってみると収益減となる。

第6次全銀システム

全銀システムは、取引量の拡大やセキュリティの向上などのため、〝8年ごと〟に順次システムのレベルアップを進めている。第6次全銀システムは2011年11月より稼働した。

第6次全銀システムでは「1億円[34]」以上の振込取引を「日銀ネットのLSF[35]口座（即時決済モード）」で決済することにより、支払決済システムの国際基準に対してより高いレベルで対応することになった。また、処理性能の向上や、ISO20022／XML言語による電文交換を可能にするなど、将来的な業務拡張に備えてシステムの柔軟性を向上させた。1件1億円未満の小口内為取引は従来通り1日1回のネット決済システムとなっている。

(33) 印紙税：領収書に添付する印紙（200円）について、受取金額が3万円未満の物は非対象とした。その後2014年、5万円未満に改定になった。

(34) 大口と小口は「1億円」という境目になった。

(35) Liquidity Saving Features

図表7－3　モアタイムシステムと全銀システム

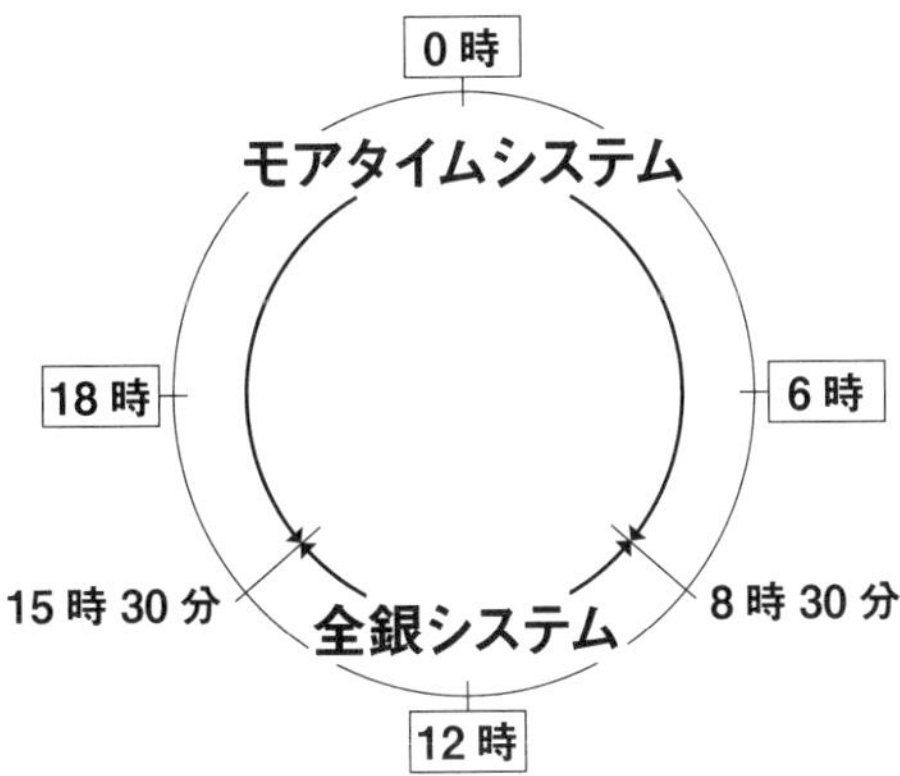

（出所）筆者作成

「モアタイムシステム」（More Time System）[36]は、全銀システムの稼働時間をカバーするための第2全銀システムといえるもので、２０１８年10月に稼働した。この決済システムが、全銀システムが稼働していない「15時30分から翌朝８時30分まで」の支払指図を処理する。最終決済は、全銀システムの最終決済に合算して行う。24時間３６５日支払が可能にはなるが、個別行の負担[37]は大きく、参加は任意である。モアタイムシステムであるが、第7次全銀システムの機能で、約1年前の先行リリースであった。

第7次全銀システム

２０１９年11月に稼働した現在のシス

(36) コアタイムに対して、モアタイム（和製英語）ということである。日本銀行は「新プラットフォーム」といういい方をする。

(37) 24時間３６５日勘定系（預金）システムを稼働させなければならないなど。

テムである。今回は、銀行業界を取り巻く環境もあり、前述[38]した様に機能的にはニーズのない無駄な開発は極力抑え[39]、ハードの更改がメインであった。全銀システムは8年ごとに更改されるので、次回（第8次）は２０２７年である。

ZEDI

全銀ＥＤＩシステム[40]（Zengin EDI system／愛称：ＺＥＤＩ（ゼディ））とは、企業間の振込電文にＥＤＩ情報（支払通知番号・請求書番号など）が添付可能になる機能で２０１８年12月に稼働した。それまでＥＤＩ情報は、固定長形式で20桁までと制限されていた。ＺＥＤＩの稼働開始により、給与振込など総合振込のデータ形式が固定長形式からＸＭＬ形式に変わり、多くの情報を自由に設定できるようになった。入金消込業務の効率化など、企業における資金決済事務の合理化に資する。

ＡＴＭネットワーク[41]

日本では、民間最終消費支出における決済では、約6割は現金[42]といわれている。そのためＡＴＭは非常に重要な役割を果たしている。しかしながら、その運営コストは日本全体で約2兆円といわれ、経営的な課題である。

---

(38) 第2章にて解説した。

(39) 「海外がやっているから」的な、民間銀行の現場でニーズが確認できない開発はやるべきではない。

(40) Electronic Data Interchange／電子的データ交換のこと。

(41) 統合ＡＴＭスイッチングサービス、統合ＡＴＭとも。

(42) クレジットカードが約2割、電子マネーは約1割弱である。なお、このような統計に、他の先進国と比べて、日本で使用が多い口座振替は含まれないことが多いので、留意すべきである。

ＡＴＭは国内で約19万台とされる。日本の成人10万人当たりのＡＴＭ台数は約１３０台で、世界ランキングでは韓国（３００台弱）、カナダ、米国、英国などに続き、７位となっている。

ＡＴＭ[43]の設置台数は、メガバンクが約３万台弱、地銀が５万台弱、信金等が約３万台弱、ゆうちょ銀行が約３万台弱、コンビニＡＴＭは約５万５千台を超えている。イーネット（ファミリーマート）・ローソン銀行・セブン銀行が主たるコンビニＡＴＭである。コンビニＡＴＭが増え、銀行のＡＴＭが減っている。逆に、地銀約20行がＡＴＭ業務をセブン銀行に委託しており、その数は増加傾向である。

ＣＤ[44]（現金自動支払機）やＡＴＭ[45]（現金自動預払機）で、現金の引出し等を行うが、当初は同じ業態別[46]ネットワーク内だけしか現金の引出しができなかった。都市銀行間を接続するＣＤ／ＡＴＭの相互接続ネットワークＢＡＮＣＳは、１９８４年から稼働開始した。

ＭＩＣＳ[47]（全国キャッシュサービス）[48]は、民間金融機関（９業態）相互間のＣＤ・ＡＴＭオンライン提携ネットワークで、１９９０年に稼働した〈図表７－４〉。

これにより、銀行等のキャッシュカードで提携している全国のＭＩＣＳ加盟金融機関のＣＤ・ＡＴＭを利用して、現金の引出し、残高照会、振込時の受取人の口座

---

43 日立オムロンターミナルソリューションズ、沖電気工業、富士通フロンテックが御三家。ＮＥＣはセブン銀行に納入している。現在、通常のＡＴＭは約３百万円、セブン銀行向けは約百万円といわれている。

44 Cash Dispenser

45 Automated Teller Machine. 足元、日本ではほとんどがＡＴＭであるが、海外ではＡＴＭ比率は約４割と低く、ＣＤ比率が高い。

46 都市銀行、地方銀行、第二地方銀行、信用金庫、信用組合などといった括り。

47 Multi Integrated Cash Service

図表7－4 MICS内のATMネットワーク

1	都市銀行	都銀キャッシュサービス	BANCS	BANks Cash Service
2	地方銀行	全国カードサービス	ACS	All Japan Card Service
3	信託銀行	信託銀行オンラインキャッシュサービス	SOCS	Shintaku Online Cash Service
4	新生銀行 あおぞら銀行 商工中金	長信銀・商中キャッシュサービス	LONGS	LONG term credit banks System
5	第二地方銀行	第二地銀協キャッシュサービス	SCS	Sougin Cash Service
6	信用金庫	しんきんネットキャッシュサービス		
7	信用組合	しんくみネットキャッシュサービス	SANCS	Shinkumi All Net Cash Service
8	労働金庫	全国労金オンラインキャッシュサービス	ROCS	Roukin Online Cash Service
9	JAバンク JFマリンバンク	全国農協貯金ネットサービス 全国漁協貯金ネットサービス		

（出所）筆者作成

(48) 業態別責任制があり、損失がでた場合、業態内で対応する。業態を越えている場合、資金の回収に1日多くかかる。

確認等ができることになった。全銀協はＭＩＣＳの運営事務を受託している。また、図表７－４にあるように業態内のオンライン提携ネットワーク網であるＢＡＮＣＳ、ＳＯＣＳおよびＬＯＮＧＳの運営事務も受託している。

ＡＰＮ

アジアン・ペイメント・ネットワーク（ＡＰＮ[49]）は、新しいリテール決済ネットワークを目指し、２００６年にＡＳＥＡＮ主要国（シンガポール・マレーシア・インドネシア・タイ）の中央銀行主導により設立された団体で、アジア域内のＡＴＭ相互接続ネットワークなど、各国間におけるリテール決済分野の新たな仕組み[50]の検討・提供を行っている。日本ではＮＴＴデータが参加している。

（３）外為円決済システム

「外為円決済システム」（外国為替円決済制度：ＦＸＹＣＳ[51]）は、「外国為替関係の円資金」の決済を集中的に行うためのシステムである。

この制度は、１９８０年に東京銀行協会（現、全国銀行協会）を運営主体に、支払指図を東京手形交換所で交換していたが、１９８９年からは支払指図の交換や決

(49) Asian Payment Network

(50) ＡＴＭを単につなげばいい訳ではなく、様々な課題があり、仕組みの構築は困難という向きもある。

(51) Foreign Exchange Yen Clearing System

済の〝システム〟を日本銀行[52]に委託し、日銀ネットを利用したオンライン処理に移行した。

その後、1998年には、決済リスク管理を強化し、支払指図1件ごとに決済するRTGSモードを新設し、2002年には、CLS銀行が本制度に参加し、世界的なCLS決済（多通貨同時決済）をサポートしている。

また、2008年には、それまでの時点ネット決済方式を、日本銀行の当座預金決済を利用した「次世代RTGS（流動性節約機能付[53]）」に全面的に移行（移管し転送[54]する形になった。時点ネット決済方式やこれに伴う担保・流動性供給スキームを廃止した。外為円決済システムは、決済システムというよりは、決済ネットワークとなった。

（4）手形交換制度

「手形交換制度」（Clearing House[55]）とは、金融機関が他行に取り立てる手形や小切手などを1カ所に持ち寄って交換し、持出し手形と持帰り手形の差額を集中的に決済する制度である。決済された総額を「手形交換高」といい、相殺された差額を「交換尻」という。金融機関は交換尻（金額）を日本銀行の本支店の口座または交

---

(52) 日本もかつては新興国で「対外取引原則禁止」の立場であり、その外為管理をするために別の決済システムとしていた。1998年までは「外為法」は外国為替及び外国貿易管理法であった。

(53) Liquidity Saving Features

(54) 金額については規定がなく、たとえ1円でも日銀ネットで決済される。

(55) 正確には「手形交換所」のこと。この手形・小切手の制度を悪用した犯罪の映画が『キャッチ・ミー・イフ・ユー・キャン』（2002年）である。

換所の幹事銀行で決済する。

この手形交換の制度が、ペーパーレスになり（電子化され）「決済システム」の基本型となっている。資金決済システムの場合は手形が支払指図[56]に代わる。

全国各地に手形交換所があり、毎日決済されている。手形交換所は１９８９年には約８００カ所だったが、足元、全国で約２００カ所にまで減ってきた。手形の交換高も１９９０年のピークから約10分の１になっている。全国で最も規模が大きいのが東京の手形交換所で、件数では約３割・金額では約７割を占める。

我が国における手形交換所は、１８７９年（明治12年）に大阪に開設されたのが最初で、１８８７年（明治20年）には東京にも開設されている。

手形交換業務はＭＩＣＲ[57]文字を読み取り、仕分けする機械処理を行っている。また、手形交換所は、手形等の健全な利用を確保するため、６カ月間に2回、手形・小切手の不払（不渡）を起こした者について、その後2年間、参加銀行との当座預金取引や貸出取引を禁止する「取引停止処分制度[58]」を運営している。

手形の電子化[59]

金融における電子化として、日本でも有価証券の無券面化が行われてきた。２０

---

(56) 現在はオンラインで送られている。

(57) Magnetic Ink Character Recognition の略で、手形や小切手の下部に、機械読み取りのために磁気インクで印字された文字。

(58) 実質的には、企業の「倒産」を意味する場合が多い。

(59) 足元「手形・小切手機能の電子化に関する検討会」で単純なペーパーレスが議論されているが、銀行界ではニーズや費用対効果など経営的観点で疑問視する向きもある。

03年に国債、2009年に株式が行われた。手形については、〝（紙としての）手形〟の存在が手形法のベースとなっていること、また、手形法は貿易で手形（Draft）が使われているなどから「国際法」であり、日本だけでは変更できない。そのため、株式のような単純な電子化はできず、2008年に「電子記録債権法」[60]が施行された。

電子交換所

その後、全国銀行協会は手形・小切手は残しながら、イメージデータの送受信によって交換業務を完結できる電子システム「電子交換所」を2022年の設立・稼働を予定している。

（5）電子債権記録機関

「電子記録債権」[61]は実質的に〝手形の電子化〟ともいえるものである。手形取引はそもそも「紙媒体」を必要としていたが、電子化により、取引・管理・保管の効率化・コスト削減等のメリットがある。

「電子記録債権」[62]は、「電子債権記録機関」（語順注意）への電子記録を要件とす

(60) 機関名は「電子債権記録機関」である。

(61) Electronically Recorded Monetary Claims

(62) 念のためであるが「債券」ではない。

図表7－5 日本の電子債権記録機関

指定年	電子債権記録機関名	設立機関
2009年	日本電子債権機構㈱	三菱UFJ銀行
2010年	SMBC電子債権記録㈱	三井住友銀行
2010年	みずほ電子債権記録㈱	みずほ銀行
2013年	㈱全銀電子債権ネットワーク	全国銀行協会
2016年	Tranzax電子債権㈱	Tranzax㈱

（出所）金融庁ホームページ

る、既存の手形債権や指名債権とは異なる〝新しい金融債権〟である。

金融債権を活用した事業者の資金調達の手法としては、取引関係にある企業相互間での売掛債権や振出された手形の譲渡・質入がある。しかし、以前の売掛債権の譲渡・質入については、対象となる債権の存在や帰属の確認によって手間とコストを要するうえ、二重譲渡リスクなどの問題があった。

電子記録債権制度は、新たな金融債権を創設し、取引の安全性・流動性を確保することにより、上記のような手形のデメリットを解消し、企業の資金調達の円滑化を図ろうとするものである。

電子記録債権法の施行（２００８年）により、電子記録債権制度が導入されたことを受け、複数の電子債権記録機関が設立されている。従来の手形と同様に、譲渡や割引ができるほか、〝分割譲渡〟することも可能である。

「全銀電子債権ネットワーク」は、全国銀行協会が運営する電子債権記録機関であり、略称は「でんさいネット」である。

メガバンクではそれぞれ、独自に電子債権記録機関を設立して、電子記録債権サービスを提供している。2016年に、金融庁から指定を受けたTranzax電子債権は全銀協や3メガバンク以外での初の電子債権記録機関である。

Tranzax電子債権(63)

Tranzax電子債権は電子記録債権を使いながら、中小企業庁、経済産業省などと協力し、企業への銀行からの融資を一歩踏み込んだものとした。

その商品は、①通常の手形割引の様な資金調達、②ファクタリング：売掛金の電子記録債権ファイナンス（ファクタリング）、さらに、同社しかできないこととして、③PO(64)ファイナンス：発注の時点から電子記録債権としてファイナンスを付けることが可能である。しかも、手形と同様の仕組みであるが、発注企業(65)の信用が重視され、発注企業の金利、一般的に低金利でファイナンスが可能になる。もちろん、空発注などのトラブル回避のため、発注企業からの確認書が必要となる。

(63) 電子署名法と電子記録債権法を併用した新しいデジタル契約である「リーテックスデジタル契約」も関連会社で対応している。

(64) Purchase Order（受注）の略語である。

(65) 日本の中小企業はピラミッド型で大企業からの受注のパターンが多い。この受注から金融機関が関わることが大事である。決済は最終段階であり、ここで情報を付ける必要はない。

（6）ＣＭＳ・ＴＭＳ

「ＣＭＳ」（キャッシュ・マネジメント・システム）[66]とは、グループ経営を行う企業体などで、グループ全体の現金（資金）や流動資産を一元的に管理し、グループ各社（支店）で生じる「資金」の過不足を調整し、効率的な資金利用を図るシステム（サービス）のことである。これは制度としてではなく、ツールとして銀行やシステム会社などが提供している。

ＣＭＳは企業グループの親会社もしくは財務統括会社が導入することが多い。このとき、親会社・財務統括会社は〝グループ内銀行〟の役割を果たす。

各グループごとの資金管理担当者の配置が必要なくなるとともに、プールされた資金を設備投資や運転資金として必要な会社に優先的に振り分けることによって、都度の資金調達が不必要になり、余剰資金を減少、借入金利を削減することができる。また、グループ内の債権・債務を相殺することにより決済手数料の削減等も可能となる。

ＣＭＳの代表的な機能としては、プーリング[67]（資金融通）、ネッティング、支払代行が挙げられる。そのほかに、残高照会・口座振替・送金指示などのファームバ

---

(66) Cash Management System

(67) pooling

ンキング機能や、資金回収、売掛金消込み、資金繰り管理（キャッシュフロー予測）などもある。

最近では、企業とクリアリング・バンク（決済銀行）の国際化に伴い、GCMS[68]（グローバル・キャッシュ・マネジメント・システム）としてCMSの機能・サービスもクロスボーダーになってきている。特に新興国では、地場ネットワーク・地場決済へのアクセス、ローカルCMS、給与振込、関税支払サービスなどきめの細かいサービスも必要となる。

「TMS[69]」（トレジャリー・マネジメント・システム[70]）とは、CMSからさらに進んで、財務管理まで対応するシステムのことである。決済関連機能に加え、預金・借入金の管理（見える化）、FX・デリバティブ取引管理、調達管理、グループ取引管理、内部統制といった財務のほとんどのエリアまで対応する。さらにマルチバンク・アクセス（国内外の複数の銀行との接続）により、海外子会社を含めたグループ全体の財務取引と管理を実現する。

(68) Global Cash Management System

(69) Treasury Management System

(70) このTMSにクラウドサービスで対応する代表的な会社に、キリバ（Kyriba）社がある。

第8章 海外系決済

Introduction of Settlement Infrastructure

本章では「外国為替」（外為：Foreign Exchange：ＦＸ[1]）の基本的な仕組み（決済）と、外為を支える海外、すなわち米国、欧州、中国、そしてアジアにおける主要な決済システム[2]を解説する。

各国の決済システムの〝構成〟には一定の基本がある。「中央銀行」が運営する決済システムを決済ヒエラルキーのトップとして、さらに民間の決済システムが存在している。決済システムは「大口決済」と「小口決済」の決済システムとに分かれていることが多い。またどの国でも「手形・小切手」の決済システムが存在している。さらに、各国の歴史や習慣によって特徴を持っている。

特に、最近では、中央銀行を最終とした決済ヒエラルキーの中央銀行・民間決済システム・銀行の部分までの決済改革はほぼ終了し、現在はリテールの「新型決済インフラ」（サービス）の部分の改革が重点になっている。

外国為替[3]

基本的に〝通貨[4]〟は〝国〟とリンクしており、海外との商取引（貿易）や金融取引では、自国の通貨と取引相手の国の通貨とを交換する必要がある。

---

(1) 最近では「ＦＸ」というと「外国為替証拠金取引」を指し示すものとなっている。

(2) ここでは資金決済システムのこと。

(3) コルレス契約に基づく送金やこの貿易（信用状）などの外国為替の仕組みも、11世紀末～13世紀のイタリアでできたもので、基本的な仕組みの変更はない。そのころ欧州では十字軍が起こっており、遠距離送金を安全に行う仕組みであった。また欧州は地中海も含め貿易が活発に行われていた。

(4) 「法的通用力のある貨幣」が通貨である。

「貿易」（Trade）においては、現金を直接輸送することなく、為替手形（Draft）[5]や送金小切手（Check）を送付したり、電信送金（Remittance）などをして決済する。これらの〝仕組み〟を全体として、外国為替（外為）という。

特に、貿易では銀行間の国際ルール[6]として、一定の条件（信用状条件）が満たされた場合に、それに明記された書類と引換えに輸出者に対して〝輸入代金を支払う〟ことを確約する書類（支払確認書）である「信用状」[7]（L／C：Letter of Credit）を使用する。貿易以外の、金融取引などの外国為替もある。

しかし、どのような仕組みであったとしても、通貨の交換は必須であり、二つの通貨の交換自体も外国為替という。最終的には（銀行が合算し、受払の差額を計算し）、銀行がインターバンク[8]為替市場においてカバーする。また、銀行自体が収益を目的として通貨の売買取引（ディーリング）を行う。その後、それぞれの通貨の決済システム、たとえばドル円取引の場合、ドルと円のそれぞれの国（米国と日本）の決済システムにおいて（受取と支払）の決済を行う。基本的には、その国の国内の決済システム[9]を使用して行う。国によっては歴史的に「クロスボーダー」（外国為替専用）[10]の決済システムが存在する国もある。また、企業・個人の取引は一般的に銀行と取引をする。

---

(5) 手形制度を支える「手形法」は、世界共通の国際法である。日本の手形を１００％無券面化できない理由でもある。

(6) L／C取引における国際的取引ルールには「ICC（International Chamber of Commerce）：荷為替信用状に関する統一規則及び慣例」（ICC UCP600）がある。UCP600は２００７年に改定された。前版はUCP500。

(7) 信用状を使わない貿易決済もある。

(8) Interbank：銀行などの金融機関しか参加できないプロ向け市場のこと。

(9) 例外がＥＵの通貨ユーロ。ユーロ導入国は19カ国。

銀行も決済量が少ない国の通貨の場合、決済システムに参加せず、その国の銀行に「委託」（代行）することが一般的である。その委託関係（契約）を「コルレス契約[11]」、その相手を「コルレス銀行[12]」（コルレス先）といい決済の代行を依頼する。コルレス銀行で預金（Deposit）を開設している銀行[13]を、特に「デポ・コルレス銀行」という。一方、預金を開設していない銀行を「ノンデポ・コルレス銀行」という。現在では、基本的にデポ・コルレス銀行を通じて決済を行う。もちろん、デポ・コルレス銀行内に送金先の銀行口座も開設されている場合には、外部である決済システムに出す必要がなく、内部振替が行われる。

最近の外国為替業務では「マネーロンダリング[14]」対策（AML：Anti-Money Laundering）などの対応が、銀行にとって法的な重要課題であり、経営的負担が非常に大きい。顧客はもちろんのこと、デポ・コルレス〝銀行〟についても、「KYC」（Know Your Customer：顧客確認）の観点でチェックしなければならない。

海外中央銀行の決済

日本銀行などの中央銀行は、他の中央銀行等の口座を開設しているが、これは日

また、EU加盟国は27カ国である。

(10) 以前の日本の「外為円決済システム」や、中国の「CIPS」（クロスボーダー人民元決済システム）など。割合が多いのが米国（CHIPS）など。

(11) Correspondent Arrangement：特派員・代理人。

(12) Correspondent Bank：コルレス契約やデポ・コルレス銀行数が多いほうが、海外決済の優位性を示した。特に三菱東京UFJ銀行が多いが、これは貿易金融のための特殊銀行・横浜正金銀行（よこはましょうきんぎんこう：Yokohama Specie Bank）が転換した外国為替専門銀行・東京銀行を継承しているためである。当時、政府紙幣が大量発行され、正

図表8－1　海外送金の基本的な仕組み

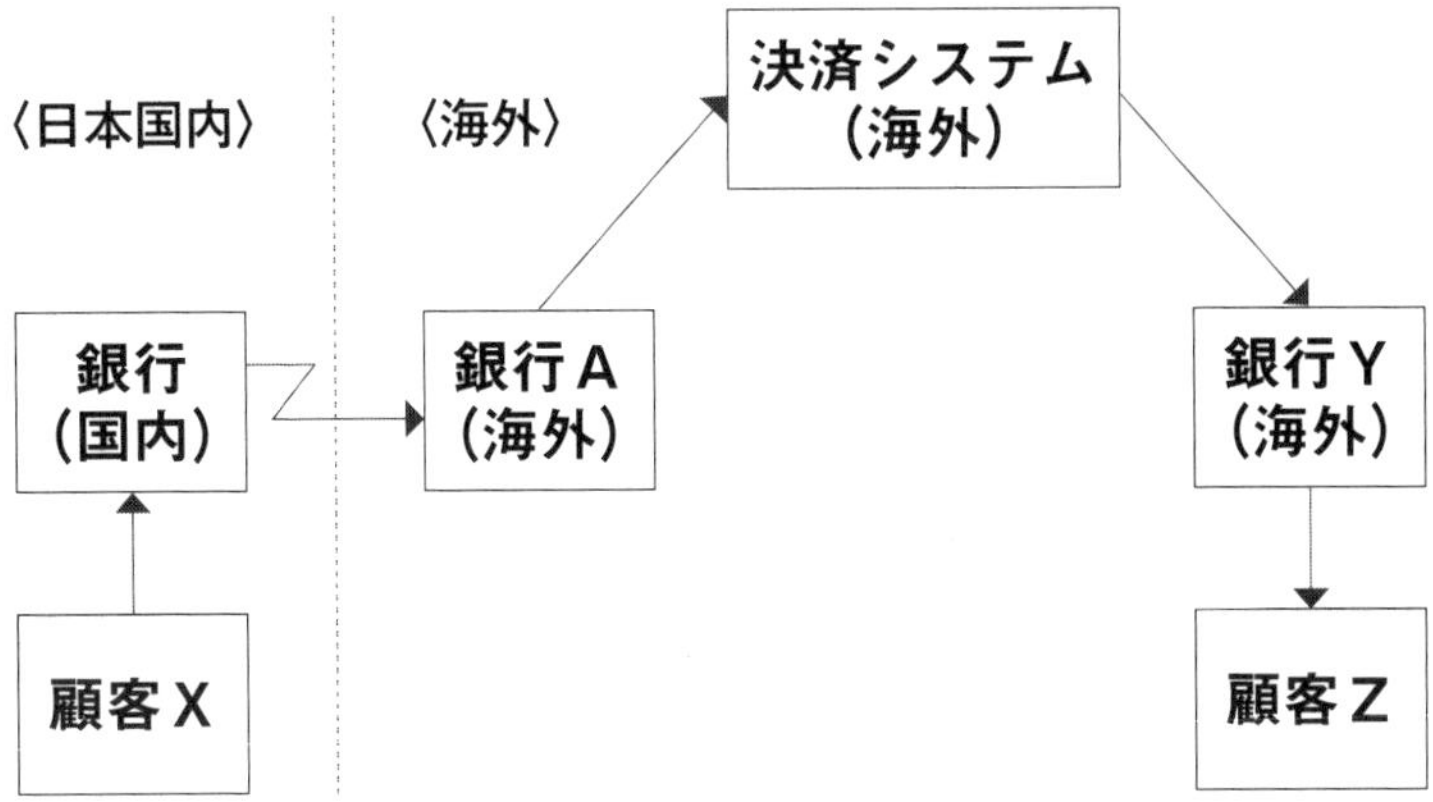

〈日本国内〉　〈海外〉

顧客X → 銀行（国内） → 銀行A（海外） → 決済システム（海外） → 銀行Y（海外） → 顧客Z

（出所）筆者作成

銀の〝当座預金〟ではない。日本銀行における勘定科目としては、外国の中央銀行の勘定「中央銀行預り金」、そして国際機関の場合は「国際機関預り金」である。中央銀行預り金[15]は、各国の「外貨準備預金」であり、「為替介入」時の資金受払などに行う。外貨準備については、どの国でも預かり金とする当該国の国債[16]を買うことが多い。

また日本でいう「政府預金」とは、日本銀行に預けられた無利息の日本政府（国）の預金口座である。

小口リアルタイム化

中央銀行や民間の決済システムは銀

金（本位通貨：現金、銀貨）と二重為替相場が立ち、政府紙幣の相場は下落を続けた。正金は信用の拠り所であり、正金を使って決済していた。

(13) 有価証券の場合は、カストディ（Custodian：常代業務）といい、金融機関・投資家に代わって管理を行う。

(14) 金融庁ではマネーローンダリング、財務省と外務省は資金洗浄（マネーローンダリング）、日本銀行はマネー・ロンダリングという表現を使う。本書では一般的な表現であるマネーロンダリングを使う。

(15) 外国の中央銀行は、一般的に資金と国債の2つの勘定を保有しており、一般的には国債を購入し利息の収入を得る。

行間の決済インフラである。足元、決済システムが「決済の即時化」を進めており、その決済を欧州ではインスタントペイメント・米英ではファスターペイメントという。日本では全銀システムがすでに即時化している。

1 米国

基軸通貨米ドルの資金決済システムの構成は、中央銀行ＦＲＢの決済システム：Fedwireと、民間銀行による外国為替（クロスボーダー）を主とした決済システム：ＣＨＩＰＳ、そして小口の決済システムＡＣＨ[17]が存在している。

（1）Fedwire

Fedwire[18]（フェドワイヤー）は、米国の中央銀行である「連邦準備制度[19]」（Federal Reserve System：ＦＲＳ）が運営する米国ドルの決済システムである。１９８７年に稼働した。米国の大口決済システムは、FedwireとＣＨＩＰＳ（後述）の二

---

(16) 預り金は当座預金の様で無利子であり、運用の観点から。

(17) Automated Clearing House. 地場決済（ローカルクリアリング：Local Clearing）ともいう。

(18) Federal Reserve Wire Network

(19) ワシントンにある連邦準備制度理事会（Federal Reserve Board, ＦＲＢ）と全米の12の連邦準備銀行（地区連銀：Federal Reserve Bank, ＦＲＢ）からなる。全体として連邦準備制度（Federal Reserve System：ＦＲＳ）という。ＦＲＢまたはＦｅｄとも。

つがある。Fedwire は中央銀行が運営する決済システムであり、ほとんどの米銀や外銀が参加し、主として国内での取引に関する決済を行っている。一方、ＣＨＩＰＳは民間が運営する決済システムであり、大手の米銀や外銀が参加し、主として外為取引などクロスボーダー（国際）取引に関する決済が行われている。

Fedwire は、日銀ネットと同様に、資金と証券の二つの決済サービスを行っている。一つは、主として大口の資金決済を行うサービスで、「Fedwire 資金決済サービス[20]」であり、もう一つは国債や連邦機関債などを証券口座間の振替によって証券決済を行うサービス「Fedwire 証券決済サービス[21]」である。

Fedwire 資金決済サービス[22]においては、米国の銀行がＦＲＢに開設している当座預金口座間の資金振替によって、米ドルの資金決済を行う。Fedwire はＲＴＧＳ[23]（即時グロス決済）システムであり、支払指図[24]は1件ごとにグロス金額[25]で決済される。Fedwire における資金振替は米ドルのファイナリティ（決済完了性）を有するものとされている。

足元、参加金融機関は上位約20行[26]の決済量で全体の約8割を占める。また Fedwire では、銀行間のインターバンク決済と対顧客決済の両方が行われるが、対顧客決済が件数では約8割、金額では約4割となっている。

---

(20) Fedwire Funds Service

(21) Fedwire Securities Services

(22) 21年2月24日に3時間以上のシステム障害に見舞われた。

(23) Real Time Gross Settlement

(24) Payment Order：P/O

(25) 一本一本そのままの金額で対応すること。

(26) 決済代行を業とする、いわゆる「クリアリングバンク」である。

世界のほとんどの中央銀行の日中流動性の供与方法は、「無料・有担」（無利子だが、担保の差入れが必要）の当座貸越である。こうした中でFedwireではほぼ唯一「有料・無担」（有利子だが、担保の差入れは不要）の制度がメインであった。この無担保日中O／D[27]の供与は、各金融機関の経営状況に応じて利用上限額を設定し、1分ごと[28]の赤残（貸越額）に対して課金し、日中O／Dが1日の終了時までに返済されなかった場合には高率のペナルティを課す、といった仕組みであった。その後、リーマンショックの発生によるリスク管理の強化の流れ、料率の引上げによって、中央銀行で主流の無料・有担の当座貸越がメインとなった。

稼働時間の延長

Fedwireの稼働時間は、1997年12月に8時30分～18時30分（EST[29]）の10時間から0時30分～18時30分の18時間に大幅に延長された。2004年5月には前日の21時まで繰り上げ、稼働時間は21時間30分となった。

この時間延長は、外為決済リスクの削減とクリアリングバンク業務の支援のためで、構造的には各通貨の決済システムの時差をなくすためである。その中央銀行決済システムをつないだ、外為決済リスク削減の仕組みがCLS銀行である（詳細後

---

(27) Fedによると、課金が低率であったにもかかわらず、有料・無担の日中O／Dの導入によって、日中の赤残は3分の1となり大きい効果があった。

(28) 〝分ごと〟の計算は中央銀行ではほかにない。ある意味〝経済〟的である。

(29) EST：Eastern Standard Time：東部標準時間（米国）。

述)。また、特に21時まで前倒ししても、この21時〜0時の時間帯に受けた支払指図は翌日の決済となる。この時間に決済を行っているのは、基軸通貨ドルを使用することの多いアジア諸国であり、アジア対応ということもできる。

FedNow

決済の即時化であり、ＦＲＢは２０２４年に新たなリテール向けの即時決済システム「FedNow」を稼働させる。現在のシステムの稼働は平日のみであったが、「FedNow」では24時間３６５日稼働する。民間決済システム「ザ・クリアリング・ハウス（ＴＣＨ）」が17年11月からすでに独自の即時決済システム「ＲＴＰ」（詳細後述）を稼働させている。

民間が即時決済サービスを提供するなかで、あえて〝競争状態〟を作ることにより公平で普遍的な決済インフラを確立するとしている。米国にはＦＲＢを始めとして、独特の考えがあり、公的機関が参入し「民間」との「競争」を促進させるということを目的としている。

(2) CHIPS

「CHIPS」[30]（チップス）は1970年に稼働し、当初はニューヨーク手形交換所（NYCH）[31]が運営主体であった。NYCHは1853年に設立された全米最古の手形交換所であったが、電子化し資金決済サービスに業務範囲を拡大した。その後、NYCHはシカゴ手形交換所（CCH）[32]と合併し、TCH（The Clearing House）となり、傘下の組織をまとめ、TCH Payments Co.とした。同社は有力ユーザーである世界の民間銀行[33]が株主となっている。

CHIPSも金額が大きい大口決済に分類される。主として貿易取引、外為取引、証券取引など、クロスボーダー米ドルの取引のうち約9割以上を占めている。また4割以上がアジアとなっている。国内の決済も可能である。

稼働時間は前日の21時～17時の20時間となっている。この前日の21時への繰り上げはFedwireと同時期に実施された。また、最終決済をFedwireで行うために終了時間は短くなっている。

CHIPSはもともと手形交換所であったこともあり、時点ネット決済システム[34]であった。その後、リスク管理の強化と必要流動性の削減を目指して2011年1

(30) Clearing House Interbank Payment System

(31) New York Clearing House、Clearing Houseとはもともとは「手形交換所」のこと。手形交換所が電子化されたもののイメージである。

(32) Chicago Clearing House

(33) 三菱UFJ銀行も邦銀唯一の株主となっている。

(34) Designated Time Net Settlement System：従来の仕組みでは、CHIPSの決済の仕組みでは、ネッティング後1日1回の終了時点の決済だったので、日中ファイナリティは得られなかった。

月に「CHIPS Finality」と呼ばれる決済の仕組みを導入した。名前の通り、ファイナリティ（決済完了性）が付与される。この仕組みは決済条件を満たす支払指図のマッチングをリアルタイムに行い、連続的にネット決済を行う。「日中ファイナリティ」（日中にファイナリティを付与されること）を得られる。

ＣＨＩＰＳでは、CHIPS Finality の導入に伴い、ＲＴＧＳと同様のリスク管理レベルとなり、ロスシェア・ルール、担保差入、ネット受け取り限度額、仕向超過限度額など、時点ネット決済システムのリスク管理策は〝すべて〟廃止された。

ＲＴＰ

「ザ・クリアリング・ハウス（ＴＣＨ）」が２０１７年11月から独自の即時決済システム「ＲＴＰ」（Real-Time Payments）を稼働させている。加盟している金融機関は足元40行である。

（３）ＡＣＨ

「ＡＣＨ」[35]とは即時性の低い小口決済システムであり[36]、振込（自動振込サービス）と引落（自動引落サービス）がある。

---

(35) Automated Clearing House

(36) 決済システムの仕組みなどはその国の商習慣などに左右されるが、要は口座振替インフラのようなもの。

自動振込サービスでは、企業による給与振込や総合振込や、政府による年金給付・医療費給付等、個人による通信販売支払等に使用される。自動引落しサービスでは、公共料金、各種ローン、保険料等に使用される。

ACHにおける資金決済（最終決済）は、各銀行がFRBに保有する口座間の資金振替によって実施される。ACHにおける資金決済（口座引落と入金）の処理は、ACHに指示のファイルが送られた日の翌日、あるいは翌々日に実施される。

米国[37]のACHは、FRBによる「FedACH」と、CHIPSの運営も行っているTCH Payments Co. による「EPN[38]」がある。

FedグローバルACH

「FedグローバルACH[39]」とはFedACHが行っている国際電子決済（送金）サービスで、足元、米国、カナダ、中南米、そして欧州の33カ国を結ぶ。アトランタ連邦準備銀行[40]がこの窓口（Gateway Operator）となっている。出稼ぎの方々の送金が主である。

---

(37) 米国の場合は独特の考え方であるが、中央銀行などの公的機関が、民間企業（機関）の独占を阻止し、競争原理を働かせるために参入していることが多い。

(38) Electronic Payments Network

(39) FedGlobal ACH Payments

(40) Fedでは各連邦準備銀行ごとに担当業務を持っており、ワシントンが「金融政策」、ニューヨークが「外為」、そしてアトランタが「決済」となっている。

欧州

（１）ＴＡＲＧＥＴ[41]（ＴＡＲＧＥＴ２）

ＴＡＲＧＥＴ[42]とは、ＥＣＢ（欧州中央銀行：European Central Bank）が運営する欧州単一通貨ユーロ（Euro）の中央銀行ＲＴＧＳ（即時グロス決済）システムである。Fedwireや日銀ネットと同様に、資金決済と証券決済（後述）がある。

ユーロは１９９９年1月に銀行間取引から導入され、２００２年1月に現金流通が始まった。当初、ＴＡＲＧＥＴはユーロ導入時に、参加国11カ国の中央銀行のＲＴＧＳシステムを〝リンク〟させる分散型システムとして稼働した。2年遅れて２００1年にギリシャがユーロに参加した。ユーロ未参加のＥＵ加盟国（英国、デンマーク、スウェーデン）もユーロ決済に参加し、15カ国でスタートした。

その後、分散型システムの問題を解消するために、２００７～8年に、集中型の次世代システムである「ＴＡＲＧＥＴ２」（Ｔ２）に移行し、全面稼働開始（単一

(41) 海外の決済システムの略称は、多少無理もあるが印象的なものが多い。ＣＨＩＰＳ（米）、ＣＨＡＰＳ（英）、ＣＨＡＴＳ（香港）、ＨＥＲＭＥＳ（Hellenic Real-Time Money Transfer Express System：ギリシャの中央銀行ＲＴＧＳシステム）等。

(42) Trans-European Automated Real-time Gross settlement Express Transfer system. ネットワークは欧州でもあり、ＳＷＩＦＴＮｅｔが使われている。

基盤上で稼働）した。その後、２０１７年11月に新国際標準書式ＩＳＯ２００２２／ＸＭＬに一斉移行した。

足元、ＥＵ加盟国は英国が離脱して27カ国であるが、そのうち19カ国がユーロを導入している。ＴＡＲＧＥＴ２にはユーロに参加していない４カ国（デンマーク、ポーランド、ブルガリア、ルーマニア）も参加し、ＴＡＲＧＥＴスタート時に参加していた英国とスウェーデンは参加を取りやめた。ユーロ参加国とユーロ未参加の４カ国の中央銀行とＥＣＢの24カ国[43]の中央銀行が参加している。24の中央銀行を経由して約１０００の銀行が直接参加している。また約80の周辺システム（大口、小口、為替・資金、証券、デリバ等）の資金尻を最終決済している。各国の利用状況[44]はドイツが約３割、フランスが約２割強、スペイン、イタリアの５カ国で約８割となっている。

Ｔ２とＴ２Ｓが統合する方針になっており、Ｔ２（大口資金決済）、Ｔ２Ｓ（証券決済）、ＴＩＰＳ[45]（即時決済）の３つが「ＴＡＲＧＥＴサービス」を２０２１年11月に一元化する予定である。

ＴＡＲＧＥＴ２には「ＲＴＧＳモード」と「流動性節約モード」という二つの決

(43) ユーロ参加国の中央銀行とＥＣＢのグループを「ユーロシステム（Eurosystem）」という。

(44) ほぼＧＤＰの割合と比例する。

(45) Target Instant Payment Settlement

済処理モードがある。

①RTGSモード

TARGET2では普通・至急・大至急の三つの優先順位を支払指図に付ける。そのうち、至急と大至急の支払指図については「RTGSモード」で行う。RTGSであるため、仕向（送金）銀行のRTGS口座に十分な残高があれば、支払指図が即時に処理されて決済が行われる。

残高が不足する場合に支払指図が「キュー（Queue：順番待ちの列）」に入り、FIFO（first in first out：先入先出法）で処理される。

②流動性節約モード

優先度が「普通」の支払指図は「流動性節約機能[46]（Liquidity Saving Feature）」による流動性節約モードで決済が行われる。まず、残高を確認し、支払銀行の仕向限度を確認する。その後、他行への支払指図と他行からの受取指図を〝同時〟に〝グロス〟で履行する「オフセッティング[47]（Off Setting）」というスキームが使われる。効果としては、即時に、同時に行うために（その瞬間にはネッティングと同じ効果であるが）、残高が支払指図と受取指図の差額分だけあれば行われる。これが流動性節約の基本機能である。

---

(46) 基本的に、日銀ネットのLSF機能と同じである。

(47) 次世代日銀ネットにおける同時決済口（LSF口座：liquidity saving feature口座）と同じ表現である。そもそもは、ドイツの決済システムRTGSPlusの仕組みで、移行した形になる。

また、オフセッティングにも、ネッティングと同様に「バイラテラル・オフセッティング（Bi-lateral Off Setting）」（二者間）と「マルチラテラル・オフセッティング（Muti-lateral Off Setting）」（多者間）がある。通常、バイラテラル・オフセッティングのほうが優先的に行われる。その中で多数の支払指図と受取指図を、指図（数）、流動性、そして時間を最小にする〝最適〟に組み合わせる高度なアルゴリズム[48]（Algorithm）で行われる。

稼働時間は7～18時（CET[49]）の11時間である。休日は1月1日（元日）、Good Friday（聖なる金曜日：キリストの命日：大体4月後半[50]）、Easter Monday：復活祭の後の月曜日：Good Friday の次の月曜日）、5月1日（Labor Day：労働者の日）、12月25日（クリスマス：キリストの誕生日）、12月26日（Boxing Day：プレゼントの箱を開ける日）と6日[51]しかない。

（2）EURO1

EURO1（ユーロ・ワン）は、民間のEBA[52]（ユーロ銀行協会：本部パリ）の組織であるEBA Clearing[53]（EBAクリアリング）が運営しているネット系決済システムである。現在ではユーロ圏で唯一の大口（民間）ネット決済システムである。

---

(48) この最適なアルゴリズムの開発が、決済分野における最先端の研究である。

(49) Central European Time：中央ヨーロッパ時間。協定世界時（UTC：Coordinated Universal Time：かつてのグリニッジ標準時）を1時間進ませた標準時である（UTC＋1）。日本標準時との時差はマイナス8時間。日本の夜8時はお昼の12時になる。ECBがあるフランクフルトの時間帯である。

(50) 春分の日の後の満月直後の金曜日。

(51) 世界の決済システムで最も休日が少ない。

(52) Euro Banking Association

メンバーは欧州域内の銀行で、SWIFTもメンバーになっている。
EBA Clearingは、ユーロ導入のため1998年に設立された。なお、ユーロ小口決済システム（ACH）のSTEP1（詳細後述）とSTEP2（詳細後述）も運営している。EURO1ではメインの決済処理もSWIFT[54]がシステム運営も行っている。SWIFTのパッケージソフトの「Yコピーサービス[55]」で決済処理を行い、ネットワークもSWIFTのSWIFTNetを使用する。

リスク管理としては、仕向（送金）銀行からの「仕向超過限度額」と「非仕向超過限度額」によって行われる。まず各参加行に対して「受取限度額」（決済リスク金額限度）を個別に設定する。設定を受けた受取限度額の合計がその銀行の「仕向超過限度額」となる。逆に他の銀行に設定した受取限度額の合計が「非仕向超過限度額」となる。稼働時間は7時30分～16時（CET）である。

決済メカニズムでは単一債務構成（SOS[56]）という法律構成を採用している。これは「参加行は常にネットベースのまとまった債権・債務のみを有する」とするもので、組戻しもできないのでEURO1で処理が終わった瞬間でファイナルとなり取消し不能となるとしている。つまり、日中ファイナリティを保有しているとしている。

(53) 以前のECU（European Currency Unit：欧州通貨単位）の決済システムから移行した。

(54) SWIFTはいうなれば欧州の決済システムのネットワークが欧州を超えて延びたものである。日本でいうならば、全銀システムのネットワークが世界に延びていっているということである。そのため、もともと決済システムが独自に発達していた米国や日本の主たる決済システムや国内ネットワークでは採用されていない。

(55) メッセージがすべて処理システムに送り込まれ、所定の手続きを経て、処理（リリース）されるパッケージソフト。そのメッセージの流れが「Y」の字に似ていることから、

※SEPA（セパ）

SEPA[57]（単一ユーロ決済圏）の目的は、企業や個人が、ユーロ圏を〝国内〟での支払と同じくらい簡単かつ効果的に決済が行えるようにすることである。2007年に成立したEU決済サービス指令（PSD[58]）によって進められる。

SEPA決済対象となる取引は送金・口座振込（SCT：SEPA Credit Transfer）、自動引落し（SDD：SEPA Direct Debit）、そしてカード決済（SEPA Card Payments）の三つがある。送金口座および銀行の特定は「IBAN[59]」（国際銀行口座番号）と「BIC[60]」（銀行識別コード）を使用し、ISO20022のXMLベースの国際標準に準拠する。

（3）STEP1／STEP2（ステップワン／ステップツー）

EBA Clearingは大口ネット決済システムEURO1のほかに、EU全域を対象とするACHであるSTEP1とSTEP2を運営している。STEP1は1件ごとの小口送金を対象としているが、STEP2は複数（大量）の件数の送金（総合振込）となっている。STEP1は2000年、STEP2が2003年に稼働を開始している。

Yコピーと呼ばれる。SWIFTが新興国のRTGSシステムの運営をしているが、このYコピーサービスで行っている。

(56) Single Obligation Structure

(57) Single Euro Payment Area

(58) Payment Services Directive：2015年より「第二次決済サービス指令」（PSD2）となっている。

(59) International Bank Account Number：所在国、支店、預金種類、口座番号を特定するコード。最大35文字までのアルファベット・数字からなる。現在、16文字～31文字である。要は番号とアルファベットで口座まで特定し、トラブルをなくし、事務ミスを防ぎ、システムによる自

ＳＥＰＡに対する対応では、中心機関を作って接続させていこうとする集中型モデルの「ＰＥ－ＡＣＨ構想」[61]（汎欧州ＡＣＨ）」があるが、ＳＴＥＰ２はその中心となるＡＣＨと認められている。

（４）欧州全体のＡＣＨ

ユーロ導入前には各国の通貨別にＡＣＨが運営されていた。通貨がユーロにまとまって、徐々に閉鎖されているが、継続的に使用されている。足元、図表８－２の上位４ＡＣＨで決済件数の約８割を占める。

各国のＡＣＨではそれぞれを接続するクロスボーダーリンク構想（スパゲティモデル）を進め「ＥＡＣＨＡ」[62]（欧州ＡＣＨ協会）」も設立された。

（５）ＰＥＰＳＩ[63]

民間銀行を中心に汎欧州支払システム構想が進んでいる。２０１４年にロシアがウクライナ半島を統合した時に、ビザとマスターカードは対ロシア制裁を受けてロシアの銀行へのサービス提供を中止した。その事態を受けての対応である。

動記帳（ＳＴＰ：Straight Through Processing）が可能になる。これは世界中の銀行で使える。

(60) Bank Identifier Code：SWIFT BIC（ＳＷＩＦＴコードともいう）は、銀行間通信網（ＳＷＩＦＴ）において銀行を特定するコードで、８桁または11桁のアルファベットと数字で構成されている。実際はＩＢＡＮには銀行情報も入っているので、送金の時などにＢＩＣがなくても可能である。

(61) Pan-European Automated Clearing House

(62) European Automated Clearing House Association

(63) Pan European Payment System Initiative、Unified

図表8－2　欧州の主要ACH

国	名称		運営
フランス	CORE	COmpensation REtail	（民間）
オランダ ドイツ	Euquens	オランダ（Interpay）とドイツ（Transaktionsinstitut）の合併	（民間）
ドイツ	RPS	Retail Payment System	ドイツ連邦銀行
イタリア	BI-Comp	Banca d'Italia – Compensazione	イタリア中央銀行

（出所）筆者作成

図表8－3　ACHの統合モデル

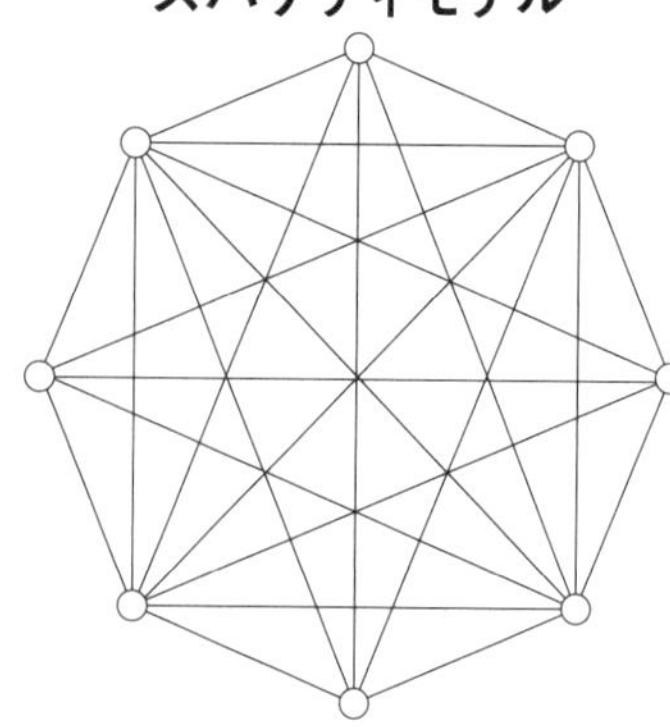

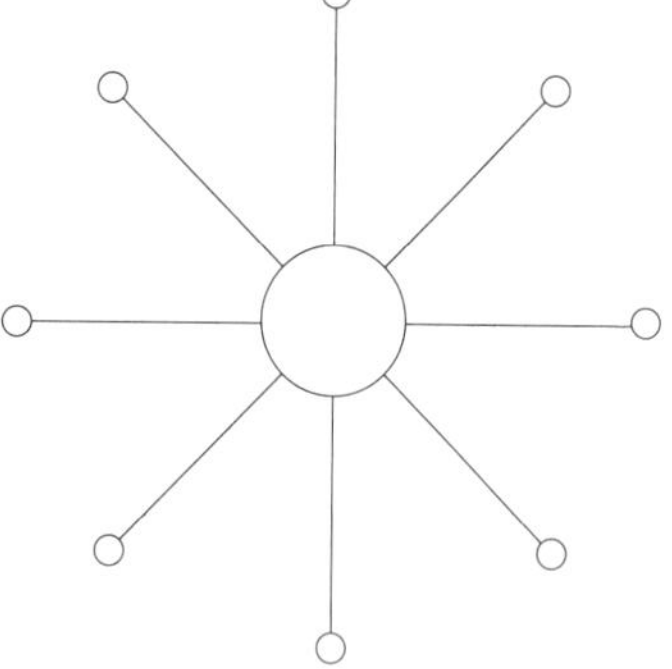

（出所）筆者作成

European Payment System ともいう。

3 英国

英国はＥＵ（European Union：欧州連合）から２０２０年に離脱し、通貨はポンドである。世界有数の国際金融センターであるロンドンを有しているが、現在はユーロの中央銀行決済システムＴＡＲＧＥＴ２に、ＢＯＥ（Bank of England：英国銀行）は参加していない。

（1）ＣＨＡＰＳ

ＣＨＡＰＳ[64]（チャップス）とは、１９６４年に稼働したCHAPS Co.（CHAPS Clearing Company）が運営する英ポンドの大口ＲＴＧＳ決済システムである。ＣＨＡＰＳの英国における〝歴史ある銀行〟が中心となった直接参加行が株主の民間決済システムである。

中央銀行であるＢＯＥがシステム運営者と口座管理者で、民間に委託している形を採用している。ＢＯＥの口座間で決済しており、他の中央銀行ＲＴＧＳシステム

(64) Clearing House Automated Payment System

と同様にファイナリティを持つ。

稼働時間は6時~18時で直接参加行と間接参加行があり、直接参加行になるには厳しい基準[65]がある。現在のシステム「New CHAPS」は、欧州でもありSWIFTのネットワークとパッケージを使用している。

(2) BACS

BACS[66]（バックス）は英国のACHであり、民間のBACS Payment Schemes Limited（BPSL：BACSペイメントスキーム）が運営している。直接参加者が約20の銀行と住宅金融組合で、間接参加者は金融機関以外も参加している。システムは分社化したVocaLink[67]が運営している。BACSにおける決済には3日かかる。

(3) FPS

Faster Payment[68]はFaster Payments Schemeが運用している決済システムである。システムはBACSと同様にVocaLinkが行っている。ACH（小口決済システム）であるBACSは3日後の決済であったため、時間短縮をするために導入さ

(65) 明文化されていないものもある。
(66) Bankers, Automated Clearing Services
(67) Voca社とATMネットワークの運営会社であるLINK社が合併した。
(68) 日本の全銀システムのモアタイムシステム（24時間365日対応）の参考とされた。

れた。直接参加者と間接参加者がある。
Faster Paymant の送金は週7日・24時間受け付け、基本的には2時間で相手口座に入金される。送金には10万ポンド（約1500万円）の上限金額がある。
Faster Payment は時点ネット決済システムであり、顧客の口座への入金から、銀行間の決済までの時間には決済リスクが残る。銀行間の決済時間は7時15分、13時、15時45分の3回である。決済リスク管理[69]は仕向超過限度額を設定し、流動性供給とロスシェアのルールが決められている。自分が設定した仕向超過限度額100％を提供するコミット額が割り当てられ、担保を入れている。

4　CLS銀行

「CLS銀行[70]」（CLS[71] Bank）は、外為決済リスク（Foreign Exchange Settlement Risk）、特に時差に伴ってリスクが拡大するヘルシュタット・リスク（Herrstatt Risk）（前述）を消滅させる（ゼロにする）ために設立された銀行である。

---

(69) 基本的には時点ネット決済システムの典型的なリスク管理手法となっている。

(70) 筆者はCLS銀行設立に関して、ロンドン・ニューヨークにおけるプロジェクト企画段階から参加した。

(71) Continuous Linked Settlement

ＣＬＳ銀行は２００２年９月に稼働を開始した、ニューヨークに本店を置く決済システムである。ＣＬＳ銀行はニューヨーク連銀が認可（免許[72]）を出し、担当として監督する、決済に特化した「特別目的銀行[73]」（Special Purpose Bank）である。法律上は銀行免許を持った銀行だが、実体的には「決済システム[74]」である。今や、件数・金額（前述）とも世界一の決済システムとなっている。

ＣＬＳ銀行の決済メカニズムのＰＶＰ（Payment VS Payment）（前述）とは、外為（通貨の交換）における支払通貨の移動と、受取通貨の移動を同時（simultaneously）に実施する。〝同時〟に行うため、通貨の支払と受取の時間差の決済リスク存在時間はゼロとなり、決済リスクもゼロになる。

しかし、ＣＬＳ銀行は中央銀行ＲＴＧＳシステムを同時に接続するメカニズムであり、ＣＣＰ[75]（清算機関）ではない。そのため、決済リスクについては決済が実行される瞬間までは残存する。それに対し、一般的にＣＣＰではシステムに入力した瞬間に決済リスクは削減される。

ＣＬＳ銀行は、多通貨を決済対象としており、開業当初は７通貨であったが、現在は18通貨が対象となり〈図表８－４〉〈図表８－５〉、「多通貨・同時決済システム」である。

---

(72) 各国の中央銀行法は違いがあり、特に欧州では厳しく、中央銀行に口座を開けるのは銀行免許を持つ銀行のみ。

(73) 米国の国際金融に従事する金融機関に対する法律「エッジ法（Edge-Act）」に基づいて設立されたエッジアクト法人である。通常の銀行は預貸業務と為替（決済）業務を行わなければならないが、ＣＬＳ銀行では預貸業務を行わず、決済業務に特化した特別目的銀行である。

(74) しかし、公的にも決済システムとは認識されていない。ＣＣＰ（清算機関）の一部の機能（計算機能）を持つが、債務は持たず、ＣＣＰではない。

(75) 清算機関（ＣＣＰ）では

図表8－4 CLS接続通貨と中央銀行

	通貨名	中央銀行
1	メキシコペソ	Banco de México
2	カナダドル	Bank of Canada
3	英ポンド	Bank of England
4	イスラエルシュケル	Bank of Israel
5	日本円	Bank of Japan
6	韓国ウォン	Bank of Korea
7	デンマーククローネ	Danmarks Nationalbank
8	ユーロ	European Central Bank
9	米ドル	Federal Reserve Bank
10	香港ドル	Hong Kong Monetary Authority
11	ハンガリーフォリント	Magyar Nemzeti Bank
12	シンガポールドル	Monetary Authority of Singapore
13	ノルウェークローネ	Norges Bank
14	豪ドル	Reserve Bank of Australia
15	ニュージーランドドル	Reserve Bank of New Zealand
16	南アフリカランド	South African Reserve Bank
17	スウェーデンクローナ	Sveriges Riksbank
18	スイスフラン	Swiss National Bank

（出所）CLS Bank

ないということが、CLSの決済リスク削減における課題となっている。

図表8－5 CLS通貨の拡大

時期	拡大数	合計	通貨名
2002年 9 月	7通貨	7通貨	米ドル、ユーロ、カナダドル、英ポンド、スイスフラン、豪ドル、日本円
2003年 9 月	4通貨	11通貨	スウェーデンクローナ、デンマーククローネ、ノルウェークローネ、シンガポールドル
2004年12月	4通貨	15通貨	香港ドル、ニュージーランドドル、韓国ウォン、南アフリカランド
2008年 5 月	2通貨	17通貨	イスラエルシュケル、メキシコペソ
2015年11月	1通貨	18通貨	ハンガリーフォリント

（出所）CLS Bank

対象取引は為替取引に限られ、具体的にはスポット取引、フォワード取引、通貨スワップ取引、NDF[76]取引、OTC[77]クレジットデリバティブ取引などである。メンバーシップとすると、直接参加者としての決済メンバー（Settlement Member）、間接参加者としてのサード・パーティ（Third Party）[78]がある。CLS銀行は「取引決済」と「資金決済」の二つの決済を行う。取引は事前に入力し、取引決済と資金決済は同時に7時（CET）からスタートする。取引決済は約2時間で終了する。

資金決済は各通貨ごとの過不足の金額の連絡が各銀行に行われる。その後5回[79]（アジア通貨は3回）に分けて、資金の払込と受取がなされる。CLS銀行ではリスク管

(76) Non Deliverable Forward

(77) Over the Counter

(78) 三井物産などもCLS決済に参加した。

(79) 当初は一回の払込みで計画されたが、市場の流動性に与える影響が大きいので、分割することになった。

理の枠の中で、決済がＰＶＰで行われた瞬間にファイナリティを持つ。

5 SWIFT

「ＳＷＩＦＴ」[80]（スイフト）は、１９７３年にベルギーに設立された協同組合（ＳＣ）[81]で、１９７７年に稼働を始めた。金融機関間の決済ネットワークで、いくつかの決済システムの運用も行っている。

当時、１９６０年代後半からユーロダラー市場が拡大し、１９７３年から国際通貨制度に変動相場制が導入されるなど、国際金融取引が急拡大していた。そのため、テレックスやマニュアルでの事務処理が限界に達し、ペーパークライシス（紙による事務処理のトラブル拡大）の状況になっていた。そのような状況を背景にしていたので、ＳＷＩＦＴの目的は、取引処理の効率化、テレックスの次の金融ネットワークの創出、システム（コンピューター）による自動処理（ＳＴＰ）[82]のための標準化等である。

---

(80) Society for Worldwide Interbank Financial Telecommunication、以前は「国際銀行間通信協会」と呼んだ。

(81) Sociate Corporative

(82) ネットワークからシステムに直結し、人手を介さずに自動処理することをＳＴＰ（Straight Through Processing）という。人手を介さないため、事務ミス防止やコスト削減になる。日本のＳＴＰ化はやや欧米よりも遅れたが、日本人は勤勉で手先が器用で事務ミスが少なかったこともその理由と考えている。

欧州の決済システムのネットワークが海外に伸びた形なので、欧州や、決済システムのない新興国（アフリカ・南米・東ヨーロッパ等）では国内ネットワークや決済システムまで運営している。決済システムが整備されていた国（先進国）では国際的な市場取引（外為や証券等）を中心に活用されている。

ライブで稼働している国は200以上の国又は地域[83]となっており、世界中をカバーしている。またSWIFTはもともと銀行のために創設されたが、1万1千以上の銀行、証券会社、市場インフラ、事業法人顧客が利用している。

決済リスク事件の例として解説したが、近年、2016年に発生したバングラデシュ中央銀行の不正送金事件[84]を始めとして明らかになっているだけで5件以上、SWIFTがサイバー攻撃にさらされた。また、SWIFTは地政学的リスクの高まりで「米国」からの政治的圧力が高まり、取引情報を提供し、イランの銀行を切断した。過去には「EU」からの圧力で同様のことがあった。

※MT

SWIFTメッセージの原型はテレックスであり、そのイメージを持っている。そのメッセージをMT（Message Type）という。MTはMT○○○と3桁の番号

---

(83) 足許の国連加盟国は193カ国。バチカン、コソボ共和国、クック諸島およびニウエは国連未加盟で、日本が承認していない北朝鮮は国連に加盟している。

(84) 本項目は第3章にて解説済み。

で分類されている。

1桁目：Category（カテゴリー）

2桁目：Group（グループ）でその小分類

3桁目：Type（タイプ）さらにその小分類で業務の種類

ＭＴにはマス目のように割り振られたField（フィールド：マス目）がある。そこで使われる番号をTag（タグ）という。たとえば、銀行で最も多く使うのがＭＴ１０３（単一の顧客送金：Single Customer Credit Transfer）であるが、タグ33は通貨と金額（Currency + Amount）、タグ50は送金人（Ordering Customer）、タグ51は送金銀行（Sending Institution）、タグ57は受取人の銀行（Account With Institution）、タグ59は受取人（Beneficiary Customer）となっている。

※**ＭＸ**

ＭＸ[85]（XML Message Type）は、ＭＴの進化系で国際標準のルールＩＳＯ２００２２に基づいて、ＸＭＬ[86]（拡張可能なマークアップ言語）の言語方式で作成される。ＭＴとＭＸは併存していたが、２０２１年～25年の４年間でＭＸに移行する。この期間はＭＴからＭＸへの翻訳サービスがある。

(85) 概論で説明すれば、ＭＴはエクセル（Excel）のようなものでマス目があるが、ＭＸ（ＸＭＬ）はワード（Word）のイメージで、白地にここに何を書くかという、項目から定義する。手間もかかるが、その分、様々な情報を自由に加えることが可能となっている。

(86) eXtensible Markup Language

決済システムにおけるSWIFTの活用方法は以下の通りである。

①決済ネットワークとしてSWIFTを利用する方法：欧州のユーロ決済システムTARGET2や、スウェーデンや南アフリカのRTGSシステム、CLS銀行でSWIFTをネットワークとして使用している。

②SWIFTのパッケージ「FINコピーサービス」（Y-Copy）を使う方法：主として中央銀行のRTGSシステムが使用する。仕向銀行から、非仕向銀行に支払指図が送信されると、SWIFTのシステムが中央銀行に連絡する。中央銀行は残高を確認して、残高があれば中央銀行の口座間で決済が行われる。

③SWIFTが決済システムのオペレーションまで請負うケース：EURO1がこれに当たる。

SWIFT gpi[87]

国際送金の即時化（30分以内）、手数料の開示、送金の追跡情報（トラッカー：UETR[88]）による管理、送金情報の統一（ISO20022）が行われる。企業向けにも拡大している。SWIFTはもともとは銀行の共同組合であったが、銀行以外の顧客基盤の拡大が必要となっている。

(87) global payments innovation

(88) Unique End-to-end Transaction Reference

※ Sibos

Sibos[89]（サイボス）とは、ＳＷＩＦＴが毎年秋に主催するコンファレンスで、足元、ＳＷＩＦＴ関係者約８千人が参加する。欧州（２回）・米州（１回）・アジア・太平洋（１回）で、４年に１回輪番で開催される。日本[90]では２０１２年に大阪で開催された。Sibos2020（ボストン）はコロナ禍のために中止された。Sibos2021（シンガポール）は開催予定である。Sibos2022はアムステルダムで開催される予定である。

中国

中国[91]は人民元を通貨として、決済システムの構成は、外為決済システムを分けているなど日本と近似している。また様々な電子化が進んでいるのは、国土が広いということも背景にある〈図表８－６〉。

---

(89) SWIFT International Banking Operations Seminar、筆者は銀行のＳＷＩＦＴ主担当者として10回参加した。依頼があり講演も3回行った。

(90) 固定された将来の開催地に日本は入っていない。

(91) 筆者の書籍が中国語訳され、中国人民銀行（People's Bank of China）の教科書に採用されたほか、北京の支付結算司や国家外貨管理局の指導に訪問した。同様に韓国の中央銀行韓国銀行（Bank of Korea）でも、韓国語に訳し教科書に採用され、同様に本店（ソウル）にも訪問した。

図表8－6　中国の決済システム一覧

CNAPS		
	HVPS	RTGS決済システム
	BEPS	小口決済システム
	IBPS	インターネット決済システム
LCHS		地場決済システム
CIS		小切手イメージ決済システム
CDFCPS		貿易決済システム
SHCH		外為清算機関
CIPS		クロスボーダー決済システム

（出所）筆者作成

（1）CNAPS

「CNAPS[92][93]」（シナプス）は、中国の中央銀行である中国人民銀行（PBOC：People's Bank of China）の決済システム[94]で2005年から順次稼働した。香港の多通貨資金・証券決済インフラ（Financial Infrastructure）とも接続している。なお、2014年5月から、CNAPS[95]をアップグレードした「CNAPS2[96]」が稼働している。

CNAPSの中には以下の三つの決済システムがある。

①HVPS[97]　中央銀行RTGS決済システム
②BEPS[98]　小口決済システム（ネット決済）
③IBPS[99]　インターネット決済システム

(92) China National Advanced Payment System
(93) CNAPSコードとは、CNAPSで使用されるコードのことで、「銀行コード3桁＋地域コード4桁＋支店コード5桁＋口座番号（桁数不特定）」の構成で成り立ち、仕向先銀行と支店を特定することが可能となる。
(94) ベースは日銀ネットである。また中国の決済システムの略称は4文字が多い。
(95) CNAPSの前に、人工衛星を利用した「天地対接」（電子本支店決済システム）もあった。
(96) China National Advanced Payment System2

このほかにも中国には以下のような決済システムがある。

（2）ＬＣＨＳ[100]

同地交換決済制度[101]（地場決済システム）ともいう。都市ごとに人民銀行が運営主体のクリアリングシステムが存在している。

（3）ＣＩＳ[102]

全国小切手電子データ交換システムともいう。中国は国土が広いこともあり、小切手の電子化（イメージ処理）が導入された。

（4）ＣＤＦＣＰＳ[103]

日本と同様に外為取引は決済システムを分けている。国内で行われる「貿易決済」では多通貨システムのＣＤＦＣＰＳを使う。人民元と、香港ドル、Ｇ７通貨（米ドル・英ポンド・ユーロ・日本円・カナダドル・スイスフラン）と貿易面で親密な豪ドルの８通貨の決済を行う。

---

(97) High-Value Payment System
(98) Bulk Electronic Payment System
(99) Internet Banking Payment System
(100) Local Clearing House System
(101) 手形交換がベースとなっている。どの国でもこの様な制度がある。
(102) Cheque Imaging System
(103) China Domestic Foreign Currency Payment System

（5）ＳＨＣＨ[104]

現在、中国における「インターバンク外為（ディーリング）取引」は、上海の中国外国為替取引システム[105]（ＣＦＥＴＳ）で一元的に行われている。現在、人民元と香港ドル、スイスフラン、Ｇ7通貨（米ドル・英ポンド・ユーロ・日本円・カナダドル）と、貿易面で親密な豪ドル・ニュージーランドドル・シンガポールドル・マレーシアリンギ・ロシアルーブルの11通貨との取引が行われている。ＣＦＥＴＳで実行された為替取引は清算機関（ＣＣＰ）であるＳＨＣＨで清算され、ＨＶＰＳで決済される。

（6）ＣＩＰＳ[106]

ＣＩＰＳとは人民元〝クロスボーダー〟決済システムのことで、フェーズⅠが2015年10月、フェーズⅡは2018年5月に稼働を開始した。中国政府の積極的な働きかけもあり、海外のオフショア銀行も直接参加が可能となった。

リアルタイムでの全額決済方式と、流動性をさらに制限できる混合型決済方式を採用し、貿易や投資を主としたすべての人民元クロスボーダー決済およびオフショ

(104) Shanghai Clearing House

(105) China Foreign Exchange Trade System、中国外為交易中心・中国外貨交易センターなどともいう。一般的に「シーフェツ」と呼ぶ。ＣＦＥＴＳも指導の為に訪問した。

(106) China International Payment System

ア決済を対象としている。証券決済システムＳＨＣＨ（前述）とＣＣＤＣ（前述）の２つの債券決済機関の資金決済を行っている。フェーズⅡによる稼働時間は平日の24時間、休日の４時間である。

※人民元国際化

中国人民銀行は２００３年香港でオフショアクリアリングが開始された後、23カ国・地域に「クリアリングバンク」[107]を拡大し、オフショア人民元センターの育成を加速している。その国・地域は（アジアでは）香港、マカオ、台湾、韓国、シンガポール、マレーシア、カタール、タイ、オーストラリア、ＵＡＥ、（欧州では）英国、ドイツ、フランス、ルクセンブルク、ハンガリー、スイス、ロシア、（米州では）米国、カナダ、チリ、アルゼンチン、（アフリカでは）南アフリカ、ザンビアである。

２０１６年10月に中国人民元はＩＭＦ（国際通貨基金：International Monetary Fund）のＳＤＲ[108]（特別引出権：Special Drawing Rights）の構成通貨となったが、それ以降は逆に国際化[109]の勢いは減速している。デジタル人民元を導入して実需から伸ばそうとしているが、今後の伸びには、資本取引の規制緩和が必要となるが、そ

---

(107) 米国が米国商業銀行を世界中のクリアリングバンクにした戦略と同じである。たとえば東京はチェース、大阪はＢＯＡ（廃止）、マニラはシティバンクであった。

(108) ＩＭＦが使用する人工通貨である。

(109) 中国の景気減速、資金流出規制、人民元安対応が主因である。

れは困難であろう。

ＳＷＩＦＴによると、資金決済に使われる通貨としては、足元、米ドル、ユーロ、英ポンド、日本円、カナダドルに続いて中国人民元が約１％で第６位である。外貨準備では米ドル、ユーロ、日本円、英ポンド、中国元が約２％と第５位である。この関係は、中国の独自ネットワークで決済を増やしているためである。

ＳＷＩＦＴは中国と対決する姿勢ではなく、中国の中央銀行（ＰＢＯＣ）子会社デジタル国際デジタル通貨研究所（ＤＣＲＩ）[110]と決済センターが、ＳＷＩＦＴと金融合弁会社「ＦＧＩＳＣ」[111]を設立した。

7 香港

香港金融監督局（ＨＫＭＡ）[112]は「Financial Infrastructure in Hong Kong」（ＦＩＨＫ：香港金融インフラ）を構築し、特にリンケージを中心とした決済システムの強化が著しい。

(110) The Digital Currency Research Institute of the People's Bank of China

(111) Finance Gateway Information Services Company

(112) Hong Kong Monetary Authority、香港の通貨当局。中央銀行と金融庁と財務省の機能を持つ。

図表8－7　香港の決済システム

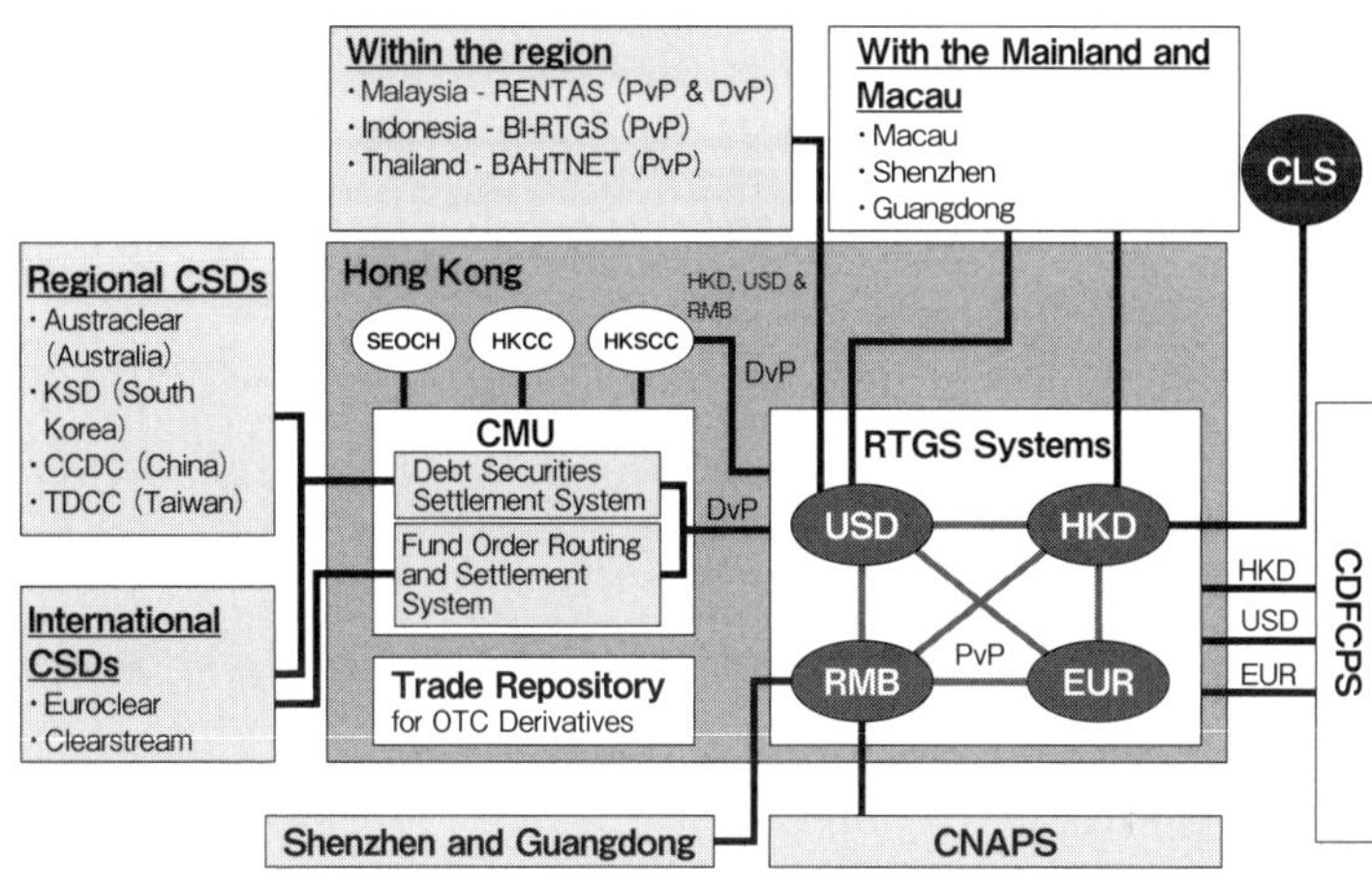

（出所）HKMA

図表8－7のように、香港では、現在、香港ドル・米ドル・ユーロ・人民元についてRTGS決済を可能としているシステムが、1996年に稼働したCHATS[113]である。さらに、この4通貨間も接続されており、PVP（Payment VS Payment）[114]決済が可能となっている。各RTGSとの接続は、人民元は中国銀行（香港）、米ドルは香港上海銀行（HSBC[115]）、ユーロはスタンダードチャータード銀行[116]（渣打銀行）を決済機関（ネットワーク）として接続し、RTGS[117]決済を実現している。

香港ドルは、中国本土の深圳と

(113) Clearing House Automated Transfer System

(114) PVPが実現しているのはCLS銀行とHKMAのみである。

(115) Hongkong and Shanghai Banking Corporation

(116) Standard Chartered Bank

(117) HKMAはファイナリティを持ったRTGS決済といっているが、民間銀行（ネットワーク）経由のRTGS決済であり、すべてが中央銀行によるものではないので、ファイナリティの検証が必要である。

広東、マカオ、ＣＬＳ銀行とも接続している。中国人民元は中国人民銀行の決済システムＣＮＡＰＳと接続しているほか、ローカルクリアリングである深圳と広東の小切手決済システムと接続している。また先に説明した中国の貿易決済システムのＣＤＦＣＰＳとも香港ドル・米ドル・ユーロの決済で接続している。

さらに米ドルはこのＲＴＧＳ決済を使用して、アジアのマレーシア（ＲＥＮＴＡＳ）（ＰＶＰとＤＶＰ）・インドネシア（ＢＩ－ＲＴＧＳ）[118]（ＰＶＰ）・タイ（ＢＡＨＴＮＥＴ）[119]（ＰＶＰ）の各通貨の中央銀行ＲＴＧＳ決済システムと接続することによってＰＶＰ決済[120]を実現している。そして中国本土の深圳と広東、マカオの決済システムとも接続している。

証券決済（後述）についても、香港の証券決済システム（ＣＳＤ：Central Securities Depository：証券保管振替機関[121]）のＣＭＵ（Central Moneymarkets Unit）はもちろん資金決済とＤＶＰ（Delivery VS Payment）決済を行っているほか、ＩＣＳＤ（International CSDs）のユーロクリア（Euroclear）とクリアストリーム（Clearstream）に接続し、また中国、韓国、台湾、オーストラリアのＣＳＤともリンクしている。日本と同様に、店頭デリバティブのためのTrade Repositoryもある。

---

(118) Bank Indonesia Real Time Gross Settlement

(119) Bank of Thailand Automated High-value Transfer Network

(120) Real-time Electronic Transfer of Funds and Securities System

(121) 「証券集中保管機関」ともいう。

現在、日本銀行とＨＫＭＡとの間で、日銀ネット国債系と香港ドル即時グロス決済（ＲＴＧＳ）システムとを接続するプロジェクトが進行中である。[122]

コラム５ ── ドルの語源

金・銀・銅の貨幣制度の中でも、最も重要だったのが銀であることは先に書いた。金は世界各国で産出されるが、銀というものは取れる場所が限られている。アジアだと石見銀山、米州だとメキシコ、欧州だとボヘミアが中心産地であった。通貨の分野では、石見銀山は世界的に非常に有名で、最盛期には世界の１／３の銀を産出した。当時、中国では銀の産出は多くなく、明や清の時代の銀貨はほとんどが石見銀山産ともいわれている。

海外の日本地図（英語）にはIwamiの文字がほぼあった。日本で最初の世界遺産に登録されるのも納得できる。

ボヘミアの中心的な銀の産地がヨアヒムス・ターラー（ヨハネの谷）で、それがコインの名称になった。そして、ターラーが訛り、ダラーとなった。ドイツ語の谷

(122) 延期されている。

は現在でもTalである。ドルの語源はもともと「谷」ということである。

ドルは貨幣ということが一般化して、そのほかの国も～ドルといういい方をするようになった。＄は漢字では当て字で「弗」と書く。

第9章 証券系決済

Introduction of Settlement Infrastructure

図表9－1　証券決済の仕組み

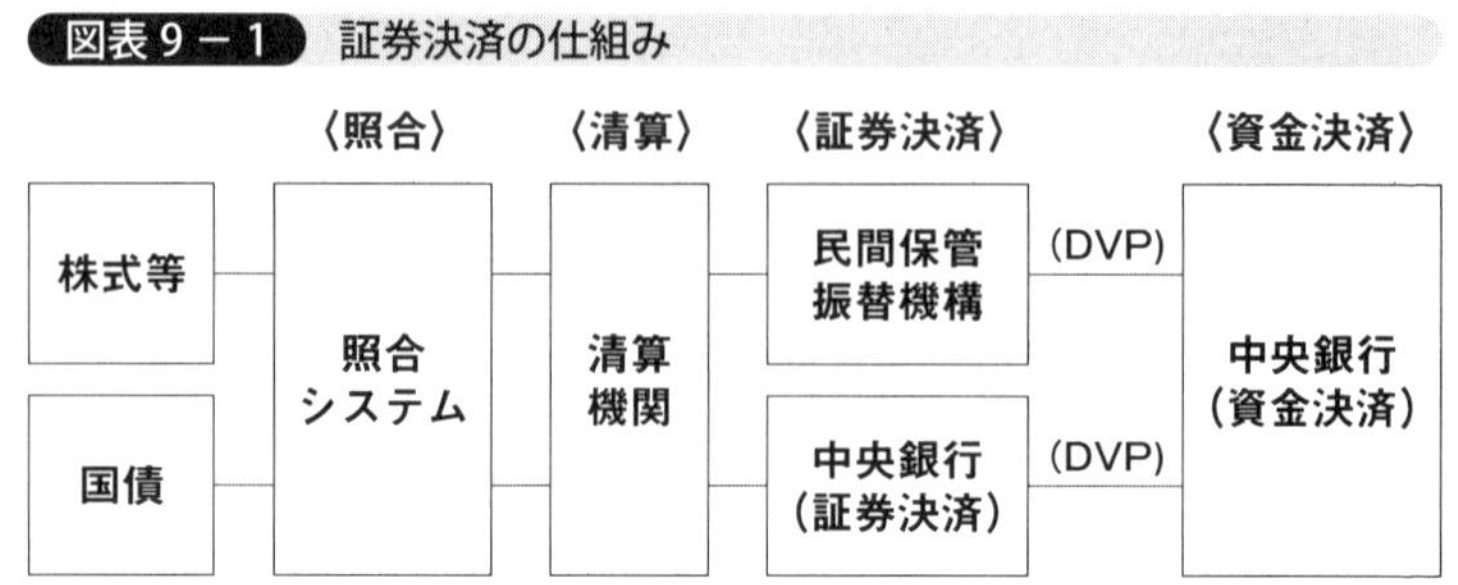

（出所）筆者作成

本章では、主要な内外の〝証券〟決済インフラを解説する。証券決済も、通貨決済（外国為替）と同様に〝価値交換[1]〟型決済である。また資金（決済）と違い、証券は様々な種類があるため、決済もそれぞれで存在する〈図表9－1〉。

さらに証券決済については、証券決済機関[2]（CSD[3]）、清算機関（CCP[4]）、照合機関（PSMS[5]）等が存在する。そのため、資金決済と比べてやや複雑に見えるが、決済の基本は変わらない。証券決済は、証券決済機関と中央銀行当座預金とのDVP[6]決済が行われている。

証券決済機関（CSD）と証券決済システム（SSS[7]）との違い[8]は、日本銀行（証券決済）の例でいうと、証券決済機関という機関（組織）は日本銀行であり、証券決済システムでは日銀ネット（国債系）ということになる。

---

(1) exchange-for-value

(2) 証券集中保管機関、証券保管振替機関ともいう。正式名称（金融庁）を「振替機関」という。これは不動産の登記簿と一緒で、一言でいえば証券の登記簿（元帳）である。ここにおける付替で、所有権の移転が分かる。

(3) Central Securities Depository

(4) Central Counter Party

(5) Pre-Settlement Matching System

(6) Delivery VS Payment

(7) Securities Settlement Sys-

基本的な現在の証券決済では、証券決済機関（ＣＳＤ）の〝振替〟（Delivery）と中央銀行の当座預金の〝振替〟（Payment）を同時に行うＤＶＰである。この仕組みによって決済にかかわる時間をゼロにして決済リスクをゼロにしている。なお、本章で「取引情報蓄積機関」（ＴＲ）[9]についても解説する。

1　日本

日本では、国債は「日本銀行」（日銀ネット国際系）が、民間の証券である株式、投資信託、一般債（社債）、短期社債は「証券保管振替機構」（ほふり）が証券決済機関（ＣＳＤ）となっており、２つの流れがある〈図表９－２〉。

tem

(8) 実際には、同一で議論されることも多い。

(9) Trade Repository

図表9－2　日本の証券決済システム

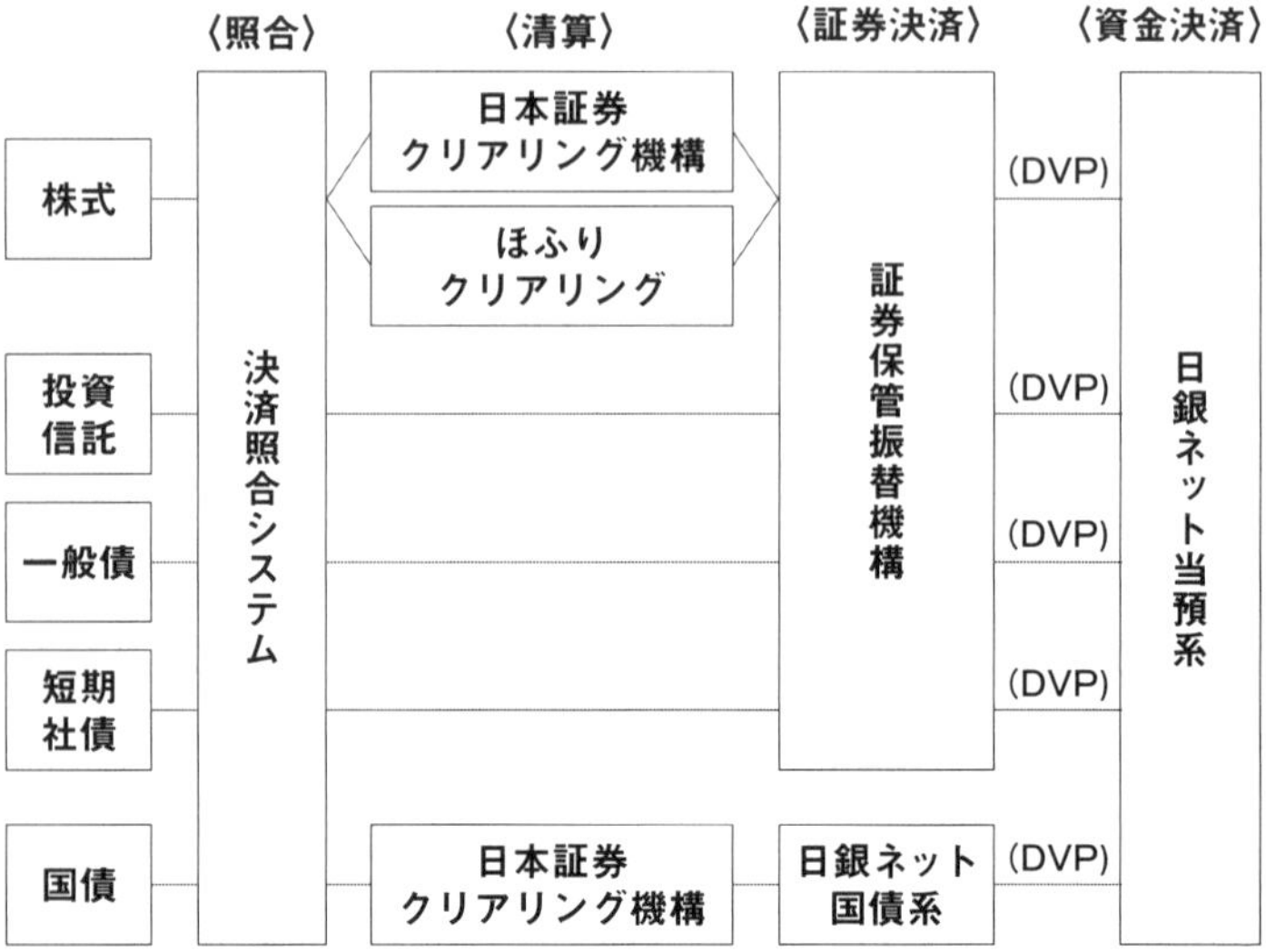

〈照合〉
〈清算〉
〈証券決済〉
〈資金決済〉
株式
投資信託
一般債
短期社債
国債
決済照合システム
日本証券クリアリング機構
ほふりクリアリング
証券保管振替機構
日本証券クリアリング機構
日銀ネット国債系
(DVP)
(DVP)
(DVP)
(DVP)
(DVP)
日銀ネット当預系

（出所）筆者作成

最近の証券決済改革

（1）稼働時間の延長

日銀ネット国債系も2016年2月に稼働時間が21時まで延長された。円資産（国債）の担保としての活用が促進されている。

（2）決済期間の短縮

国債は、米国、英国等が〝T＋1〟決済で、日本も2018年5月に実施された。株式等は米国、欧州等は〝T＋2〟決済で、日本

図表9－3　国債決済期間

米国	英国	フランス	ドイツ	日本
T＋1	T＋1	T＋3	T＋2	T＋1

（出所）筆者作成

図表9－4　株式決済期間

米国	英国	フランス	ドイツ	日本
T＋2	T＋2	T＋2	T＋2	T＋2

（出所）筆者作成

図表9－5　主要証券決済機関

<table>
<tr><th></th><th>米国</th><th>日本</th><th>英国</th><th>フランス</th><th>ドイツ</th></tr>
<tr><td>国債</td><td>FRB</td><td>日銀</td><td rowspan="2">ユーロクリア
UK＆アイルランド</td><td rowspan="2">ユーロクリア
パリ</td><td rowspan="2">クリアストリーム
フランクフルト</td></tr>
<tr><td>民間証券</td><td>DTC</td><td>証券保管振替機構</td></tr>
</table>

（出所）筆者作成

もまた2019年7月に実施された。〈図表9－3〉〈図表9－4〉。

（3）国債決済システムの海外接続

現在、国債は日銀ネット端末の国外設置（グローバル・アクセス）[10]は、①国外拠点における通常業務のほか、例えば、②業務継続体制の強化、③事務拠点の集約といった目的でも活用が可能である。すでに国外からのアクセスが可能な日銀ネットのコンピューター接

(10) 日本銀行金融ネットワークシステム（「日銀ネット」）の利用金融機関等に対し、国内拠点に加えて、国外拠点にも日銀ネット端末を設置し、国外から日銀ネットの利用を可能とすること。

続と比較して、低コストで利用が可能となる。

さらに、後に述べるＡＳＥＡＮ＋３・クロスボーダー決済インフラ・フォーラム（ＣＳＩＦ）[11]による進捗報告書「域内決済インフラの構築と今後の取り組み：ＡＳＥＡＮ＋３諸国におけるＣＳＤ－ＲＴＧＳリンクの実現」を経て、日銀ネット国債系と香港ドル即時グロス決済システムとの間のクロスボーダーＤＶＰリンクを構築中[12]である。

〈照合〉

証券は、たとえば国債といっても、種類・期間・金利・番号など多種多様で、また取引内容も様々なので、まず取引の「照合」[13]（matching）をすることが非常に大事である。証券決済の分野も各国の金融の状況や歴史によって様々な形態をしている。日本では、証券保管振替機構（ほふり）の「決済照合システム」を使用している。

(11) Cross-border Settlement Infrastructure Forum

(12) ２０２１年春の実現予定であったが延期されている模様である。

(13) 照合することによって、事務トラブル（決済リスク）が低減する。

図表９－６　日本の金融商品取引清算機関

1	株式会社日本証券クリアリング機構
2	株式会社ほふりクリアリング
3	株式会社東京金融取引所（金融商品市場の取引の清算業務）

（出所）金融庁／免許・許可・登録等を受けている業者一覧

〈清算〉

証券にはすべてではないが、清算機関（ＣＣＰ）が存在する。日本の証券決済においては、株式と国債を主とした「日本証券クリアリング機構（ＪＳＣＣ）[14]」と、株式を主とした「ほふりクリアリング（ＪＤＣＣ）[15]」が存在する〈図表９－６〉。投資信託、一般債、短期社債には清算機関は存在しないが、それは、対象商品（件数）が少なく、清算の効果が期待できないからである。

(1) 日本証券クリアリング機構

日本証券クリアリング機構（ＪＳＣＣ）とは、日本取引所グループ、名古屋証券取引所、札幌証券取引所、福岡証券取引所の共同出資[16]で設立された、証券市場の横断的な統一清算機関のことである。

当初は株式等の清算機関であったが、国債の清算機関であっ

(14) Japan Securities Clearing Corporation

(15) JASDEC DVP Clearing Corporation

(16) 出資比率は、各市場における清算業務の規模（売買の規模）に基づく。

た日本国債清算機関（ＪＧＢＣＣ）[17]と合併した。株式の証券取引所における売買の決済に伴う振替（ストリートサイド）[18]を行う。

（２）ほふりクリアリング

ほふりクリアリング（ＪＤＣＣ）は、証券保管振替機構が全額出資した清算機関のこと。証券取引所における売買の決済に伴う振替〝以外〟の振替（カスタマーサイド）[19]を行う。

〈決済〉

日本における証券決済においては、以下の二つの証券決済機関（ＣＳＤ）が存在する〈図表９－７〉。金融庁では振替機関として「証券保管振替機構」と「日本銀行」を認可している。図表９－２にもあるように、日本銀行の日銀ネット当預系とＤＶＰ決済を行う。

---

(17) Japan Government Bond Clearing Corporation

(18) 証券会社同士の取引のこと。

(19) 証券会社と機関投資家（顧客）の取引のこと。

図表9－7　日本の証券決済（振替）機関

1	株式会社証券保管振替機構
2	日本銀行

（出所）金融庁／免許・許可・登録等を受けている業者一覧

（1）証券保管振替機構

証券保管振替機構（ほふり：ＪＡＳＤＥＣ[20]）は、株式等、短期社債、一般債、投資信託および外国株券等の振替を行う証券決済システムを運営する証券決済機関（ＣＳＤ）である。基本的に、国債以外の〝民間〟の証券の決済を行う。

（2）日本銀行

日本銀行（ＢＯＪ：Bank of Japan）は、国債（ＪＧＢ[21]）の振替を行う証券決済システム（日銀ネット国債系）を運営する証券決済機関（ＣＳＤ）である。

〈取引記録保管〉

取引情報蓄積機関（ＴＲ：Trade Repository）は、リーマンショック（国際金融危機）後の２００９年、Ｇ20ピッツバーグサ

(20) Japan Securities Depository Center

(21) Japanese Government Bond

ミット[22]でのデリバティブ市場の監督方針の合意をうけて設立された。日本では、対象店頭デリバティブ[23]取引情報を金融庁に報告する唯一の「取引情報蓄積機関」として「DTCC[24]データ・レポジトリー・ジャパン」（Data Repository Japan）が2013年4月より業務を開始している。

米国

日本の証券決済の枠組みは、米国と近似[25]である。米国債（財務省証券）等の証券決済機関（CSD）は中央銀行である「FRB[26]」（連邦準備銀行）で、民間系の証券（株式、社債、地方債、CP等）は「DTC[27]」（Depository Trust Company）である。なお、米国では照合は清算機関が行っている。

---

(22) リーマンショック後の対応を検討した。

(23) 株式、クレジット、金利、為替等が対象である。

(24) 米国の証券保管振替機関。

(25) 正確には日本が米国の枠組みに近似である。

(26) Federal Reserve Bank

(27) Depository Trust & Clearing Corporation は特殊会社で、その中核会社がDTCである。

〈清算〉

（１）ＮＳＣＣ

「ＮＳＣＣ[28]」は、ＤＴＣＣの子会社であり、株式・社債・地方債の清算機関である。

（２）ＦＩＣＣ

ＦＩＣＣ[29]もＤＴＣＣの子会社で、米国債とモーゲージ証券（ＭＢＳ：Mortgage-Backed Security）の清算機関である。国債部門とＭＢＳ部門に分かれている。

〈決済〉

（１）ＤＴＣ

ＤＴＣ（Depository Trust Company）は、株式・社債・地方債・ＣＰ等の決済を行う証券決済機関（ＣＳＤ）である。ＤＴＣは「限定目的の信託銀行（Limited Purpose Trust Company）」であり、ＦＲＢに口座を開設している。

---

(28) National Securities Clearing Corporation

(29) Fixed Income Clearing Corporation

（2）ＦＲＢ

ＦＲＢのFedwireには、日銀と同様に「資金決済サービス（Fedwire Funds Service）」と「証券決済サービス（Fedwire Securities Service）」の決済システムがある。証券決済サービスの対象商品は、財務省証券・連邦機関債・モーゲージ証券・国際機関債となっている。

3 欧州

欧州の金融制度は、１９９９年1月のユーロ導入によって改革が進んだ。特に証券決済システムは統合と統一が劇的に進んだ〈図表９－８〉。

図表9－8　欧州の証券決済システム統合

（第1段階）国内統合

	元	統合先
イギリス	CGO・CMO	CREST
フランス	フランス中銀	Sicovam
ドイツ	DVK・AKV	DBC

（第2段階）域内統合

Sicovam・CREST・NECIGEF・CIK・VPC・APK	ユーロクリア
セデル・DBC	クリアストリーム

（出所）筆者作成

決済（2段階の改革）

①国内の改革

1999年のユーロ導入に向けて、まずは国内の改革が進行した。それぞれの国で、国債や株式などの証券決済機関が〝統合〟された。特徴は、米国や日本と違い、国債と民間証券が一つの統合された証券決済機関（CSD）で一緒に決済していることである。欧州の経済金融統合も理由の一つであったが、それぞれの国が小国であることも、その一因である。

(a)イギリス

1993年設立のCREST[30]（株式と社債）が2000年にCGO[31]（国債）を、20

(30) Certificateless Registry for Electronic Share Transfer

(31) Central Gilts Office

０２年にＣＭＯ[32]（短期金融市場商品）を統合した。

(b)フランス

１９４９年設立のＳｉｃｏｖａｍ[33]（株式と社債）が、１９９８年にフランス中銀の証券決済システム（国債）を統合した。

(c)ドイツ

各地の証券取引所ごとの７つの証券決済機関が統合されて１９８９年にＤＫＶ[34]となり、さらに１９９６年に国際的な証券の証券決済機関のＡＫＶ[35]と統合した。さらに１９９７年にＤＢＣ[36]と名称変更した。

②汎欧州の改革

欧州の証券決済機関はその後、ＩＣＳＤ（International CSD）のユーロクリアとクリアストリームに統合された。ユーロクリアもクリアストリームも銀行免許を保有している。規模の比率は世界全体では約７：３、欧州エリアでは約６：４である。

---

(32) Central Monetary matkets Office

(33) Société Interprofessionnelle pour la Compensation des Valeurs Mobilières

(34) Deutsche Krankenversicherung AG

(35) Deutscher Auslandskassenverein AG

(36) Deutsche Börse Clearing AG

（１）ユーロクリア

ユーロクリア[37]（Euroclear）は、１９６８年設立のＩＣＳＤであったユーロクリア・バンク（Euroclear bank）に、２００１年にユーロクリア・フランス（パリ：元Ｓｉｃｏｖａｍ）、２００２年にユーロクリア・ＵＫ＆アイルランド（ロンドン：元ＣＲＥＳＴ）、２００２年にユーロクリア・オランダ（アムステルダム：元ＮＥＣＩＧＥＦ[38]）、２００７年にユーロクリア・ベルギー（ブリュッセル：元ＣＩＫ[39]）、２００８年にユーロクリア・スウェーデン（ストックホルム：元ＶＰＣ[40]）とユーロクリア・フィンランド（ヘルシンキ：元ＡＰＫ[41]）が統合・拡大した。また、ユーロクリア日本支店は２０１７年に銀行業の免許を取得した。

「日本の外貨建て国内債」の決済サービスに参入し、証券と資金の同時決済機能（ＤＶＰ）を提供する。このような債券を「オリガミ債」という。海外投資家も呼び込め、外貨建て国内債市場の拡大にもつながる。

（２）クリアストリーム

クリアストリーム（Clearstream）は、１９７０年設立のＩＣＳＤであったセデ

---

(37) もともとはモルガン銀行（Morgan Guaranty Trust Company）ブラッセル支店であった。

(38) Nederlands Centraal Instituut voor Giraal Effectenverkeer

(39) Caisse Interprofessionnelle de Dépôts et de Virements de Titres

(40) Värdepapperscentralen

(41) Centrale de Livraison de Valeurs Mobilières

ル（Ｃｅｄｅｌ：ルクセンブルク）とＤＢＣ（フランクフルト）が２００１年に合併し、クリアストリーム・インターナショナル（Clearstream International）となった。セデルはクリアストリーム・ルクセンブルク、ＤＢＣはクリアストリーム・フランクフルトとなった。

（3）T2S

ＴＡＲＧＥＴ2-Securities（Ｔ２Ｓ）とは、国債を中心として欧州のＣＳＤを集約した、欧州中央銀行（ＥＣＢ）が運営する一元的な中央銀行証券決済システム[42]のことである。Ｔ２Ｓでは欧州の資金決済システムＴＡＲＧＥＴ２[43]とＤＶＰ決済が可能となる。

システム開発と運営については、ドイツ・フランス・イタリア・スペイン[44]の四つの中央銀行が行い、２０１５年６月から順次スタートした。ユーロ圏のＣＳＤが参加対象となっており、ユーロクリアやクリアストリームとの調整が続いている。

２０１５年６月稼働開始、２０１７年12月までに４回に分けて21のＣＳＤ（証券振替機関）が参加した。

---

(42) 汎欧州中央証券決済プラットフォーム(Pan-European Central Settlement platform）ともいう。

(43) ２００７～08年に、集中型の次世代システムであるＴＡＲＧＥＴ２に移行している。

(44) このため、スペインのＮＣＳＤ（Iberclear）やイタリアのＮＣＳＤ（Monte Titoli）は、ユーロクリアやクリアストリームと統合しなかった。

〈清算〉

LCH. Clearnet とEurex Clearingが大きな二つの清算機関であるが、欧州の清算機関（ＣＣＰ）も、証券決済機関（ＣＳＤ）と同様に、統合された。

(1) LCH. Clearnet

LCH. Clearnet は２００３年に英国のＬＣＨ（London Clearing House）とフランスのClearnet が合併したＣＣＰである。

ＬＣＨは１８８８年にロンドンに設立され、商品・原油・金融先物・金属等に加え、レポ・金利スワップ・株式等も対象取引とした。

Clearnet は１９６９年に設立され、商品・先物・オプション・金属デリバティブ・株式・国債等と対象取引を広げた。特に２０００年にパリ・アムステルダム・ブリュッセルの証券取引所の合併によりユーロネクスト[45]（Euronext）が誕生し、そのＣＣＰとなった。

対象取引は、株式、債券、デリバティブ、商品・エネルギーなど多岐にわたっており、接続する決済機関も、ユーロネクストと関係の深いユーロクリアだけではな

(45) その後、２００７年に米ニューヨーク証券取引所を運営するＮＹＳＥグループと欧州の多国籍取引所ユーロネクストが合併して誕生した取引所運営会社。２０１３年には米インターコンチネンタル取引所（ＩＣＥ）がＮＹＳＥユーロネクストを買収。ＮＹＳＥユーロネクストを傘下におさめたＩＣＥは、現物から商品先物やオプション取引など、デリバティブ（金融派生商品）まで投資できる巨大取引所になった。

く、クリアストリームや欧州各国のＣＳＤ、そして米国のＤＴＣなど多くのＣＳＤと接続している。

（２）Eurex Clearing

Eurex（ユーレックス）Clearingは、１９９８年に設立され、ドイツ証券取引所とスイス証券取引所の合同出資の子会社Eurex（フランクフルト）のＣＣＰである。対象取引は株式、先物・オプション、債券、レポ等で、接続する証券決済機関（ＣＳＤ）は関係が深いクリアストリームやＳＩＸ ＳＩＳ[46]（スイスのＣＳＤ）だけではなく、ユーロクリア等にも接続している。

アジア

アジア、香港には、前章の資金決済システムでも説明したが、香港のＨＫＭＡの「ＨＫＭＰＳＩ[47]」があり、「証券決済機関（ＣＳＤ）」もリンクしている。香港の証

(46) Swiss Infrastructure and Exchange + SegaInterSettle. スイス証券取引所（SIX Swiss Exchange）は、スイス・チューリッヒにある証券取引所。

(47) Hong Kong's Multi-currency Payment and Settlement Infrastructure

券決済機関（ＣＳＤ）の「ＣＭＵ」（Central Moneymarkets Unit）はもちろん資金決済とＤＶＰ（Delivery VS Payment）決済を行っているほか、ＩＣＳＤのユーロクリア（Euroclear）とクリアストリーム（Clearstream）に接続し、また中国（ＣＣＤＣ）[48]、韓国（ＫＳＤ）[49]、台湾（ＴＤＣＣ）[50]、オーストラリア（ASX[51] Austraclear）のＣＳＤともリンクしている。

「アジア債券市場育成イニシアティブ（ＡＢＭＩ）[52]」とは、通貨危機の防止のために、アジアの証券市場、特に債券市場の育成を進める汎アジアのプロジェクトのこと。特にその中でも決済システム[53]の整備が検討課題になっている。

アジア通貨危機の再発防止のために、短期的な対策として外貨準備を融通する国家間の資金スワップ協定である「チェンマイ・イニシアティブ（ＣＭＩ：Chiang Mai Initiative）」が締結され、中長期的な対策として「アジア債券市場[54]」の育成が進められている。

アジア通貨危機の根源的な原因は、米ドルと東アジア通貨[55]の「通貨種類のミスマッチ」と、短期調達と長期貸付の「調達・運用期間のミスマッチ」によるダブルミスマッチである。それを解消するために、アジアにおいて現地通貨建てで中長期の運用・調達を可能にする「アジア債券市場」を育成する。このＡＢＭＩは各国の

---

(48) China Central Depository and Clearing Company

(49) Korea Securities Depository

(50) Taiwan Depository & Clearing Corporation

(51) Australian Securities Exchange

(52) Asian Bond Markets Initiative

(53) 先に香港の証券決済システムのリンクを説明した。

(54) ２００３年８月のＡＳＥＡＮ＋３財務大臣会議において合意したもの。

(55) この場合の「東アジア」

財務省とアジア開発銀行（ADB：Asian Development Bank）が主体となって進められている。

特に「外為・決済システム（FXSI：Foreign Exchange and Settlement Issue）ワーキンググループ[56]」で検討され、証券決済システム（CSD）のリンクである汎東アジア証券決済システム「Asia Link[57]」構想が検討された。その方向性は、安全性・効率性・利便性の観点から、当初はバイラテラルのリンクからスタートし、最終的にはセントラル・ハブ[58]（Central Hub）を目指すというものである。

クロスボーダーDVPリンクについては、2013年ASEAN＋3において「クロスボーダー決済インフラ・フォーラム（CSIF）[59]」が設置され、検討が進められている。特に、アジア通貨の調達利便性向上やアジアでの日本国債の流通向上を目指し、ADB主導で中銀のRTGSと振替機関であるCSDのリンクなどの検討が現在も継続し、2016年には「中期ロードマップ」や、2017年には「Good Practices[60]」が作成された。2019年に「新ロードマップ2019－2022」が承認・推進されている。このような取組みにより、ASEAN＋3域内の現地通貨建て債券（アジア債券）市場の規模は大きく拡大した。また、現在、進行中の日本銀行とHKMAとのリンクの構築につながった。このASEAN＋3の枠

とはASEAN＋3のことで、ASEAN10カ国に、中国、日本、韓国の3カ国。

(56) 筆者も財務省からの依頼で参加し、指導した。

(57) 市場で提案されている「Asia Clear」「Asia Settle」「Multinational CSD」「クロスボーダー証券決済機構」などと呼ばれる場合にも同じ概念を指す。

(58) 将来的には、米国FRBや欧州ECBとのリンクも展望している。

(59) Cross-border Settlement Infrastructure Forum

(60) 日本語では、良い事例紹介とでもいうべきか。

組みは、日本・中国・韓国の３カ国（＋３）の関係こそ根幹であって、その進展は国家（政治）的な関係に沿ってその後、進展が遅くなっている。

第10章

Introduction of Settlement Infrastructure

近未来の決済インフラ

本章では「近未来の決済インフラ」の潮流がどのようになるか、分析・予想する。ここではデジタル化の課題、インテグリティと銀行、決済インフラの歴史、ゆうちょプラットフォーム、基軸通貨となるCO_2である。

1 デジタル化の課題

今後、決済インフラを始めとした金融は、より一層「デジタル化」が進んでいく。これまでも、時代によってペーパーレス化・無券面化・電子化・キャッシュレス化などと名を変えて、デジタル化は進んでいた。最近では、また「脱はんこ[1]」としても推進されている。

今回の「デジタル化」は、単純に紙をPDFに変換する様なものではなく、〝データ〟として取り込み、さらに〝中央集権的〟に情報を管理・活用する。社会全体や会社で見た場合、生産性が上がり、早い経営判断が可能になり、成長率が上がる。デジタル化はコロナ禍によって、〝逆に〟5年分は一気に進んだ。

---

(1) はんことハンコは全く同じ意味であるが、前後がひらがなの時に、カタカナの「ハンコ」が使われることが多い。

そのデジタル化の具体的かつ最終的な事例が、導入が進む中国の「デジタル人民元」である。中国（人民銀行）は、現在でも、銀行の決済を行う「銀聯」（Union Pay）に加え、銀行以外の、アリペイやウィーチャットペイなどの「第三者決済機関」[2]の決済の「網聯」（NUCC）[3]の情報も収集し管理している。さらに、デジタル人民元を導入することにより、現在、国民による現金（紙幣・貨幣）でのやり取りの部分も管理が可能となる。この中央集権的な管理がデジタル化の最終的な姿である。デジタル人民元は、基本的にはスマホを使用するが、スマホを保有していない年配者などへの対応はプラスティックカードを配布する。そのような中央集権的な管理が望まれる姿なのか、というデジタル化の課題がある。

日本や欧州は、第二次世界大戦前の個人情報収集の課題があるからか、過度な個人情報収集を懸念する傾向がある。そのため個人番号「マイナンバー」[4]のカード（マイナカード）も〝任意〟となっている。しかし、政府は2022年度末までに〝ほぼすべての国民〟に行き渡ることを目標にしている。足元、約4分の1の国民しか保有していない。日本ではさらにデジタル化を推進するため、デジタル庁が2021年9月に発足する。

また、経済全体のデジタル化は、スマホやパソコンなどの情報端末（デバイス）[5]

(2) 中国では銀行以外の異業種が行う決済サービスを「第三者決済機関」という。

(3) Nets Union Clearing Corporation

(4) マイナンバー法に基づく。

(5) Device

を使いこなせる世代、そして生まれたときからスマホを持っているような〝デジタル・ネイティブ[6]（世代）〟の人口（比率）が増えていくことによって、デジタル化率が上がっていく。法的な強制力がなければ、結局は、インフラの整備と世代的な〝時間〟の問題である。どの国でも同様の事態が発生する。

日本では政策として「キャッシュレス政策」が実施され、そして、その後に継続的に「マイナポイント政策」などデジタル化を推進している。その象徴的なものが「～Pay」である。

最近では、スマホ決済インフラ（サービス）への給与振込[7]（デジタル給与）を所管する厚生労働省もそうであるが、「一省庁、一デジタル化」というような感すらある。スマホ決済インフラ（資金移動業者）については、チャージしてある金額は「疑似預金」といわれている。銀行法で管理される銀行の預金の方が規制が厳しい。デジタル給与は労働者を念頭においているが、その代表たる労働組合からも反対されている。要は、銀行とスマホ決済インフラ（資金移動業者）の経営の安定度、それは銀行法と資金決済法の差違でもある。さらに、新型決済インフラ（サービス）では、スマホ決済サービスや仮想通貨（暗号資産）交換業者同様、不正アクセスなどトラブルが多い。今後、〝規制の平等性〟の観点から規制が強化される方向であ

(6) digital native
(7) 賃金。

る。

この問題に関して、厚生労働省は2021年4月に以下の5つの要件を提示した。

（1）経営破綻などで債務履行が困難となった場合の速やかな債務保証
（2）不正取引の被害に対する損失補償
（3）少なくとも毎月1回、ATMなどから手数料なく円単位で換金できる仕組み
（4）業務の実施状況や財務状況を適時報告できる体制
（5）賃金の支払業務を適正かつ確実に遂行できる技術的能力と社会的信用

少し詳細に解説するがまだまだ問題が詰め切れていないことが分かる。たとえば、（1）「債務保証」の部分では、銀行は預金保険の上限が1000万円であるが、この「債務保証」という意味では上限がない。もちろんそのスマホ決済インフラに入金上限があるが。（3）「少なくとも毎月1回、ATMなどから手数料なく」というところは、ATMの制度が複雑にあり、手数料なくという設定はシステム的に手間がかかるであろう。また、文章として、主語はこのスマホ決済インフラだろうが、（1）は「～を保証する」、（2）も「～を補償する」、（3）は「仕組み」とあるが、「仕組み」を整備する、（4）では「体制」を整備する、（5）では「技術的能力」

と「社会的信用」を保持する、となるはずである。

さらにいうと、「〜Pay」に給与を全額入れるのか、一部は銀行振り込みといった勝手は誰がシステム的に対応するのか、入金したとして〜Payは各種の口座振替等の制度は対応するのか、という疑問がいくつもある。

規制の平等性、経営の安定性、そしていくつかの課題の対応には時間がかかる。導入の可能性は高くない。実は、これらの課題が、デジタル化、そしてスマホ決済インフラの問題なのである。

2 インテグリティと銀行

「決済」は商取引の最終段階であり、経済・金融の拠り所となる。〝決済〟においてはその主体が〝きちんとやってくれる〟ことが大事になる。このきちんとやってくれることが「インテグリティ」(Integrity)ということである。金融業務では、金融機関と顧客で知識のアンバランスがある。そのため、まずは「コンプライアンス」で、金融機関が法令を遵守することである。その先のインテグリティということになる。

さらに、最近では、新分野への進出が盛んに行われることもあり、規制が追いつかない。「そもそもの理念」（考え方）として「インテグリティ」を重視する方向に転換している。いちいち規則で押さえるよりも、「考え方」を押さえることが大事となる。

インテグリティも日本語にない概念[8]で、そもそもは高潔さ、誠実さ、真摯さ等の意味である。柔らかくいうと、「あの人だったら〝ちゃんと〟やってくれるから大丈夫」（変なことは起こらない）といった意味である。

銀行などの金融機関はマネロン防止（ＡＭＬ）やテロ資金供与の防止（ＣＴＦ）に積極的に対応している。「スマホ決済インフラ」で何件も発生した不正アクセスは残念であり、そのようなトラブルを防止しなければならない。

それは事務処理やシステムのトラブルも同じである。トラブルを起こさない知識や技術の高さも「インテグリティ」のうちと考えられる。

現在、銀行を始めとした金融機関はこのインテグリティを、決済分野はもちろんのこと、組織全体で経営の基本として、今や〝収益〟よりも重視して据えている。

（8）中国語だと「誠真」。

そのインテグリティにはシステムのセキュリティなども含まれ、２０２１年2月から連続して発生したみずほ銀行のシステム障害は残念である。

インテグリティの重視は、〝短期〟から〝長期〟への経営の視点の変更である。〝短期〟的な経営であれば、短期的な収益重視でも良いが、長期的な経営を考えた場合、特にお客様との関係や従業員との関係でもこの「インテグリティ」こそ大事だということが認識されている。このインテグリティを、今後の銀行の「コア・コンピタンス」（根源的な強み）とするビジネスを展開することが経営の基盤になる。実は、「インテグリティ」こそ「銀行の強み」なのである。～Payや仮想通貨などの「新型決済インフラ」はこの部分が弱い。

さらに企業統治の目標では「ＥＳＧ」[9]（環境・社会・統治（ガバナンス））を重視した経営になっていく。社会目標では「ＳＤＧｓ」[10]（持続可能な開発目標）となる。基本的にはインテグリティと同じ方向である。

---

(9) Environment Society Governance

(10) Sustainable Development Goals

3 決済インフラの歴史[11]

筆者は日本そして世界の、経済・金融、そして決済を長年、調査・研究してきた。そうしてみると、決済のベースとなる〝法律〟にしても、〝商慣行〟にしても〝歴史〟がもっとも大事で、その歴史のベースがあって制度・仕組みに〝差異〟が出てくる。

それは文化、社会構造や考え方であり、一概に〝海外〟が良いわけではない[12]。もちろん、さすがに、英語のような共通的な言語を始めとして、システムの言語やOS（Operation System）は共通化しないと仕方ない。商習慣や決済ヒエラルキーの決済インフラはそれぞれで、その国の〝特徴〟がある。中央銀行の決済システムは標準化されてきつつあるが、それも最近のことであった。

たとえば、中央銀行の決済システム、つまり、中央銀行当座預金は、基本的には銀行しか口座開設ができないのだが、かつて欧州各国などでは、大企業や個人も中央銀行に口座を保有していた[13]。かつ、民間決済システムであるにもかかわらず、中

---

(11) 個人的に「歴史」は非常に重要な学問であると考えている。

(12) 日本では、今だになんでも海外が良いという方がいて残念である。

(13) フランスやドイツなど。

央銀行と一体化した組織になっている事例もあった。(14) 銀行制度も、銀行口座の保有形態も、また現金や小切手なども〝歴史〟によって様々な形となる。

世界中で「銀行」の「口座」は信用性があり、マネロンチェック済み（本人確認済）の口座とされている。「手形交換所」ももともとは欧州の制度が導入され、現在も存在している。日本では1879年（明治12年）に大阪に初めて設立された。東京では1887年（明治20年）に東京に設立された。米国では今でも個人小切手（Check）が使われているし、英国ではデビットカードが主流となっている。

そもそも決済・金融の分野で、40万の社員をもつ米国の大銀行と5万人のメガバンクの比較をすること自体が、無理がある。違う業種なのである。

アジア諸国では、特にリテール決済は、現金の他にも、スマホ決済インフラとして電子マネー、クレジットカード、デビットカードや「ネット銀行」等がそれぞれ〝独特〟の発展をしている。

---

(14) フランスSicovamなど。

ゆうちょプラットフォーム

日本の大きな決済（金融）プラットフォームとして「ゆうちょ銀行」（Japan Post Bank）がある。郵便局は郵政民営化法によって、ホールディングカンパニーの日本郵政、そして、子会社の位置付けの日本郵便・ゆうちょ銀行・かんぽ生命に分割された。店舗である郵便局は〝2万4千店〟を数え、従業員は約43万人である。（民間）銀行では「預金」というが、ゆうちょ銀行など(15)では「貯金」という。「貯金」はお金をお国と自分のために貯める。それは日本人に、江戸時代になかった貯蓄の習慣を根付けさせるためでもあった。一方、「預金」はおカネを預けて、株式のように企業に投資する、今でいう証券会社に近い機能で、一口5円（現在の10万円）以上の大口しか取扱いをしなかった。郵便貯金は1875年（明治8年）(16)から、イギリスの制度を参考にして国策として始まった。

現在では貯金口座は約1億2千万口座、貯金総額は約180兆円で邦銀1位(17)である。郵便制度というものは、郵便貯金より早く1871年（明治4年）に始まった。

(15) 農協、漁協。

(16) 銀行は1873年（明治6年）に始まった。銀行には最低預金金額もあった。

(17) 2位は三菱UFJ銀行で約160兆円である。

そもそも、郵便という形が送金（決済）と同じ形態である。郵便局には、民営化されるまでは、特定郵便局、普通郵便局、簡易郵便局の3つがあり、全国郵便局長会（全特）とは、旧特定郵便局の局長が組織・運営する団体である。特定郵便局とは、もともとは、無償で土地・建物を提供し、郵便局の約4分の3がこれに当たる。日本郵政は、この2万4千店の維持を前提としており、〝公共性〟を持たざるを得ない。

（1）郵便局の送金

日本各地、津々浦々にあり、どこでも同一の「ユニバーサルサービス」を旨とした、決済・金融ネットワークとなっている。「送金」には、現金書留、小切手、郵便為替、そして振込がある。「振込」とは口座から口座への送金をいう。ゆうちょ銀行も、民営化され、2009年に全銀システムに加盟し、全国の銀行支店に振込ができるようになった。郵便局には、現金書留[18]や郵便為替など、特有の制度もある。

海外の郵便局とも連携しており、欧州では郵便局の決済システムをGIRO[19]（ジャイロ）といい、欧州ではユーロジャイロ（EUROGIRO）が欧州全体をカバーしている。米国のACHに近い。決済制度、特にリテール（顧客）取引の分

(18) 損害保険額の上限が50万円であり、実質的に50万円が上限となる。

(19) General Interbank Recurring Order：自動口座振替システム。

野の決済インフラは、その国・地域によって、独特な制度が多い。

（2）ATM・スマホ決済インフラ

ゆうちょ銀行のATMは3万2千台がある。同業の「セブン銀行」（ATM2万5千台）のATM利用額が2019年に下落に転じている。それはコンビニエンスストアの出店の限界とリンクしている。

また、スマホ決済インフラ（サービス）として「ゆうちょペイ」が導入されているが、銀行が導入している「Bank Pay」という標準型の商品である。いわゆる「〜Pay」の順位では9位となっている。キャッシュレス系の品ぞろえとして、クレジットカードもあるが外部インフラであり、経営に資するとは考えられない。

（3）ECネットワーク

地域貢献、そして法人取引においては、すでに商品の販売を行っており「ふるさと小包」として商社機能を持っている。物流・ECであり、これは日本郵便が担当している。

最近、日本郵政が、中国テンセントと米国ウォルマートと共に「楽天[20]」に出資し

(20) このテンセントの出資は外為法による審査対象になった。5Gでは中国が入ることは日米から禁止されていたにもかかわらず資金を受けた。日本の5Gから楽天が外される可能性がある。

た。まずは、楽天はインフラ（基地局）設置に資金が必要であったし、日本郵便は物流の面で良い効果を期待している。Yahoo! JAPANやZOZOを傘下に持つZホールディングスは、ヤマトホールディングスと提携している。

（4）地銀統合

銀行業界は、現在、基本的に〝再編〟の真っ只中にある。メガバンクの支店は基本的に約500店あるがそのうち預貸率に合わせ約4割を削減する。地方銀行でも2割削減している。特にリテール顧客にとって問題になるのが、「地方」である。現在の当局の案では、撤退する支店は地方経済に与える影響も大きいので「事業会社」に「銀行代理業」を取得させて、継承させようとしている。

銀行代理業では法人取引ができない。そのため、その点に関しては「特例」あるいは「法改正」をして対応するとのことである。この案に筆者は「強い違和感」があり、それよりも銀行であるゆうちょ銀行に引き継ぐべきであろう。逆に、ゆうちょ銀行としても、2万4千店の店舗網を活用する意味からも業務を引き継ぐべきである。

郵便局は、すでに、南都銀行、山陰合同銀行、紀陽銀行を始めとした地域金融機関との対応を始めている。

（5）公共ネットワーク

また、ゆうちょ銀行の悲願ともいえる貸出しであるが、この地方銀行の業務を引き継ぐような形で粛々と始めるのが最適と考えている。無理して一斉に開始するとトラブルの温床になる。地銀の引継は地方経済（企業・住民）のためにもなる。

公共的な業務という意味では、2万4千店の広域に広がった店舗とその公共性からいっても、地方公共団体やJRなどの公的業務と親和性が高い。この店舗が、スマホ決済インフラなど、ある意味〝ドライ〟な取引ではなく、人間味のある、顔のある取引をしていただきたい。このような広域・公共的金融インフラには非常に重要な意味がある。すでに公的窓口サービスも行われている。

基軸通貨になるCO_2

環境：気候変動対策で〝決済〟が大きく変わる。特に「脱炭素」で「排出量（権・枠）取引」が注目を集めブームとなっている。このブームも3回目で、2008年ごろ、2014年ごろ、そして今回である。特に今回は、温暖化ガスの中でも「CO_2」が焦点となっている。今回も「経済産業省」（METI[21]）と「環境省」（MOE[22]）が所管し、政策を推進している。

国内では、昨年、就任時より〝菅首相〟が「地銀の再編」と共に「環境対策の推進」、具体的には「国内の温暖化ガスの排出を2050年までに〝実質〟ゼロ」とする方針を示した。さらに一歩踏み込んだ形で「カーボンプライシング」（CP：Carbon Pricing）の導入検討を指示した。その〝実質〟という言葉が重要で、これは〝排出量取引を活用する〟ということを示している。いわゆる「グリーン成長戦略」で経済効果もあるとしている。

今年は、環境問題にとって重要な年である。温暖化対策の国際枠組みは「パリ協

---

(21) Ministry of Economy, Trade and Industry

(22) Ministry of the Environment

定」（2016年）であるが、今年米国の大統領に就任したバイデンは復帰することを公約としていた。米国は中国に次ぐ世界第2位の温暖化ガス排出国であり、かつ世界一の経済大国であり、世界の温暖化対策が大きく前進する。気候変動に関しての国際的な協定である「パリ協定」は、21世紀末までの世界の平均気温の上昇を産業革命前の1・5度以内にとどめるというものである。それには、30年ごろまでが勝負で排出量の半減が必要である。

菅首相が強調している「カーボンプライシング」とは、炭素に価格を付けることで、そうすると経済的な原理に乗りやすくなる。基本的には「カーボン（炭素）の値段」は〝炭素税〟と〝排出量取引〟の「価格」で決まる。そうすると経営や政策などの検討・推進に入れやすくなる。

現在、世界には国際機関、行政、民間で「国連」を頂点（ヒエラルキー）として、様々な「排出量」（権・枠）取引（決済）が行われている。基本的には、「キャップ&トレード」、すなわち、各国家や各企業で温室効果ガスの排出枠（キャップ）を定め、排出枠が余った国や企業と、排出枠を超えて排出してしまった国や企業との間で取引（トレード）する制度である。

また、EUや米国バイデン政権が、「カーボンリーケージ」防止の名目で「国境調整措置」について検討を進める中、公正な競争条件を確保することが大事になっている。まずリーケージとは「漏れ」を意味する。そして、環境対策をしている国と環境対策をしていない国があった場合、商品のコストは環境対策をしていない国の方が安くなる。そのために、国境で関税としての「国境炭素税」を導入する。日本も現在、関税的な「環境炭素税」の導入を検討している。

さらに、最近の日本国内におけるカーボンプライシングや排出量取引の政策的な盛り上がりも、この環境対策をしている国と〝国際的に認識される〟ことが目的の一つである。今回、日本の産業界も前向きな姿勢を示しているのも、このようなグローバルな風潮を読み取ったもの。「環境政策をしっかりやっている国」と認められなければならない。そうでないと〝関税〟が掛けられ競争力が低下するのである。

さらに、課題は国際的な条約（公約）であるため「国際交渉」に掛かる部分が大きいということである。また、このCO_2を削減する方向はいいとして、それを過度に進めると、温暖化は抑えても、製造業を始めとした産業や経済が成り立たなくなるのではないかという懸念もある。いうまでもないが、この排出量取引が、外資を中心とした「投機」の場となることは絶対に避けなければならない。この制度設計自体、中央銀行による流動性供給のコントロールで、いわゆる金融政策に近い。

さて、大きい〝制度設計〟をするときは、そもそもの基本的な性質や理念を確認することが最も重要となる。世界中で〝CO_2〟が取引対象になっているという事実は、CO_2は様々な通貨と取引がされている、つまりCO_2は世界中の通貨と交換できるということである。すでに、CO_2そのものが国際的に通用する〝国際通貨〟としての役割を果たしていると考えている。

通貨には基本的な役目が3つある。「ものさし」（価値基準）・「資産」（貯蔵手段）・「支払」（決済手段）である。欧州諸国で通用するユーロは特殊だが、基本的には通貨は国家の概念と一致する。そのため世界通貨としての広がりを持つには、他の国でも使われる必要がある。

「国際通貨のうち主要なもの」を国際経済学では〝基軸通貨〟と呼ぶ。かつて基軸通貨はポンドだった。それがドルになり、そしてドルからユーロへなるのかともいわれていたが、そうなってはいない。ポンドより以前の世界通貨は「金」であったともいわれている。紙幣の登場以前には金は世界中で価値が認められたが、実用的にはコイン（硬貨）は一般的に「銀」が使われていた。ドルのマークに〝$〟が使われている理由はシルバー（Silver）の〝S〟が語源といわれている。紙幣は国（中央銀行）が保証している価値なので、国が崩壊してしまうと単なる紙に戻る。

金や銀のような鉱物が通貨の役割を果たしてきたのは、〝鉱物〟自体に価値があるためだ。

今や「CO_2」（排出権）も世界中で売買されるほどに〝価値〟があり、その点でCO_2は鉱物にも近い性質を持つ。したがって、CO_2は事実上、国際通貨の性質を持って世界中に広がり、しかも価値（価格）は年々上昇している。通貨としては強く、国際通貨や基軸通貨になる条件として有利な位置にある。「円の国際化」政策のように、特定の通貨を世界に流通させる努力をしなくても済む。中央銀行、そして世界の中央銀行として管理は、すでに国連[23]が行っている。現在、投資マネーの約2割が環境を意識している。

誤解も多いが、決して、物理的なCO_2の生産量をそのまま通貨[24]にするわけではない。管理されたCO_2の排出量を通貨とするのである。

本件は「金融包摂」も進める。金融の知識を社会全体が身につけることで、経済成長させる。よく新興国で「デジタル通貨」を検討する理由の一つが、この金融包摂である。このCO_2を国際通貨、そして、基軸通貨にさせることは、金融はもちろん、環境についても包摂ができて一石二鳥ともいえる。CO_2は、いつか、〝基軸通貨〟になると考えている。

---

(23) 京都議定書に基づき国別登録簿システムが構築された。

(24) 単純にそうすると、CO_2の排出量の多い中国や米国が富裕になってしまう。

参考文献・ウエブサイト

〈書籍〉

『決済インフラ入門』（2015）宿輪純一、東洋経済新報社
『決済インフラ入門〔2020年版〕』（2018）宿輪純一、東洋経済新報社
『アジア金融システムの経済学』（2006）宿輪純一、日本経済新聞社
『通貨経済学入門〈第2版〉』（2015）宿輪純一、日本経済新聞社
『金融が支える日本経済』（2015）〈共著〉宿輪純一、東洋経済新報社
『円安vs.円高―どちらの道を選択すべきか〈新版〉』（2013）藤巻健史・宿輪純一、東洋経済新報社
『マネークライシス・エコノミー―グローバル資本主義と国際金融危機』（1999）原田和明・宿輪純一、日本経済新聞社
『決済システムのすべて〈第3版〉』（2013）〈共著〉宿輪純一、東洋経済新報社
『証券決済システムのすべて〈第2版〉』（2008）〈共著〉宿輪純一、東洋経済新報社
『企業のためのフィンテック入門』（2017）小倉隆志、幻冬舎
『帝京の「知」』（2019）帝京大学産学連携推進センター
『証券事典』（2017）証券経済学会・公益財団法人日本証券経済研究所、きんざい
『華麗なる一族』（1973）山崎豊子、新潮社
『スクエア・アンド・タワー―ネットワークが創り変えた世界』（2019）ニーアル・ファーガソン、東洋経済新報社

『サイロ・エフェクト―高度専門化社会の罠』（２０１６）ジリアン・テット、文藝春秋

『ネクスト・ソサエティ』（２００２）Ｐ・Ｆ・ドラッカー、ダイヤモンド社

Shukuwa, Junichi (2005) "Bond Market Settlement and Emerging Linkage in Selected ASEAN+3 Countries" Asian Development Bank

〈ウエブサイト〉

日本銀行　https://www.boj.or.jp/

金融庁　https://www.fsa.go.jp/

財務省　https://www.mof.go.jp/

経済産業省　https://www.meti.go.jp/

警察庁　https://www.npa.go.jp/

全国銀行協会　https://www.zenginkyo.or.jp/

全銀システム（全銀ネット）　https://www.zengin-net.jp/

でんさいネット　https://www.densai.net/

手形交換制度　https://www.zenginkyo.or.jp/abstract/efforts/system/tegata/

証券保管振替機構　https://www.jasdec.com/

日本証券クリアリング機構　https://www.jpx.co.jp/jscc/

東京証券取引所　https://www.jpx.co.jp/

三菱ＵＦＪ銀行　https://www.bk.mufg.jp/

Ｔｒａｎｚａｘ（トランザックス）　https://www.tranzax.co.jp/

ＢＩＳ　https://www.bis.org/

ＦＲＢ　https://www.federalreserve.gov/

ＥＣＢ　https://www.ecb.europa.eu/home/html/index.en.html

ＢoＥ　https://www.bankofengland.co.uk/

ＡＤＢ　https://www.adb.org/

ＣＨＩＰＳ　https://www.theclearinghouse.org/payment-systems/chips

ＥＢＡ　https://www.eba.europa.eu/

ＢＡＣＳ　https://www.bacs.co.uk/

Faster Payments　https://www.fasterpayments.org.uk/

Euroclear　https://www.euroclear.com/

Clear Stream　https://www.clearstream.com/

ＰＢＯＣ（中国人民銀行）　http://www.pbc.gov.cn/

ＨＫＭＡ　https://www.hkma.gov.hk/eng/

ＳＷＩＦＴ　https://www.swift.com/

ＣＬＳ　https://www.cls-group.com/

日本ユニシス　https://www.unisys.co.jp/

ＮＴＴデータ　https://www.nttdata.com/jp/ja/

Kyriba（キリバ）　https://www.kyriba.jp/

ABeam consulting（アビームコンサルティング）　https://www.abeam.com/jp/ja

AT Kearney（A・T・カーニー）　https://www.jp.kearney.com

日本経済新聞　https://www.nikkei.com/

月刊誌『資本市場』公益財団法人資本市場研究会　http://www.camri.or.jp/

決済インフラ入門〔2025年版〕
スマホ決済、デジタル通貨から銀行の新リテール戦略、次なる改革まで

2021 年 7 月 29 日発行

著　者——宿輪純一
発行者——駒橋憲一
発行所——東洋経済新報社
〒103-8345　東京都中央区日本橋本石町 1-2-1
電話＝東洋経済コールセンター　03(6386)1040
https://toyokeizai.net/

装　丁…………山田英春
D T P…………アイシーエム
印　刷…………東港出版印刷
製　本…………積信堂
編集担当………岡田光司
　ISBN 978-4-492-68147-3

【著者紹介】

宿輪純一（しゅくわ・じゅんいち）

現職　博士（経済学）・帝京大学経済学部教授、社会貢献公開講義「宿輪ゼミ」代表

専門　金融・通貨・決済・国際金融、企業戦略、映画評論・監修

学歴　1963年生　麻布高校・慶應義塾大学経済学部卒業

職歴　1987年　富士銀行新橋支店入行。国際資金為替部、海外勤務等

1998年　三和銀行企画部入行。決済業務部、合併で、UFJ銀行
UFJホールディングス経営企画部、UFJ総合研究所国際本部等

2006年　合併で、三菱東京UFJ銀行企画部経済調査室、決済事業部等

2015年3月　退職

2015年4月　帝京大学へ奉職（現職）、（株）アドバネクス社外監査役（現職）

教歴　2003年　東京大学大学院非常勤講師（3年）

2007年　早稲田大学非常勤講師（5年）

2012年　慶應義塾大学非常勤講師（5年）

委員会歴　アジア開発銀行「アジア債券市場イニシアティブ（ABMI）」、財務省「ASEAN為替制度と金融市場研究会」、経済産業省「グローバル財務研究会」、外務省「アジア太平洋経済委員会」、全国銀行協会「SWIFT委員会」「全銀システム検討部会」「大口決済システム検討部会」、JP（日本郵政）「金融2社将来創造PT」「郵政金融ユニバーサル研究会」他

著書単著　『通貨経済学入門（第2版）』、『アジア金融システムの経済学』、『実学入門 社長になる人のための経済学―経営環境、リスク、戦略の先を読む』（以上、日本経済新聞社）、『決済インフラ入門〔2020年版〕』、『ローマの休日とユーロの謎―シネマ経済学入門』（以上、東洋経済新報社）

著書共著　『マネークライシス・エコノミー――グローバル資本主義と国際金融危機』（日本経済新聞社）、『金融が支える日本経済―真の成長戦略を考える』、『円安vs.円高 どちらの道を選択すべきか（新版）』、『決済システムのすべて（第3版）』、『証券決済システムのすべて（第2版）』（以上、東洋経済新報社）他

現連載　講談社現代ビジネスオンライン（経済）、ハフ・ポスト（映画）

TV経済解説　NHK『視点・論点』他、テレビ東京、TBS、日本テレビ、フジテレビ、日経CNBC他

TVドラマ監修　TBS日曜劇場『集団左遷!!』、『義母と娘のブルース』（新作）、テレビ朝日『東京独身男子』、日本テレビ『恋はDeepに』、WOWOW『頭取野崎修平』、『鉄の骨』、『華麗なる一族』他

連絡先　E-Mail：shukuwa@shukuwa.jp

ウエブサイト　http://www.shukuwa.jp/
https://www.facebook.com/groups/shukuwaseminar/

社会貢献活動　社会貢献公開講義「宿輪ゼミ」～Facebookからご参加ください
（会員1.2万人・2006年～16年目・350回超開催・日本経済新聞で紹介）

索　引

あ行

アクワイアラ……165
アジア債券市場育成イニシアティブ（ABMI）……255
新しい形態の銀行……119
アマゾン・ウェブ・サービス（AWS）……168
アリペイ……28, 45
暗号資産（仮想通貨）……21, 36, 56
イーネット……132, 187
イシュア……165
インタノン……54
インテグリティ……26, 264
インドの紙幣廃止……142
インフラ……71
ウィーチャットペイ……46
ウイルス……100
ウェブ口座……131
大口決済……198
オープンAPI……169
オフセッティング……211
オペレーショナルリスク……96

か行

カーボンプライシング……274
カーボンリーケージ……275
海外接続……241
外国為替……198
外国通貨……152
外為円決済システム……176, 189
仮想通貨……21, 56
価値交換……238
価値交換型決済……75, 93
為替……66
官民データ活用推進基本法……132
完了性……77
危機管理計画……97
企業通貨……147
企業ポイント……147, 150
基軸通貨……274
疑似預金……30, 262
ギフトカード……146
逆為替……176
キャッシュレス政策……262
キャッシュレス戦略……33, 38
キャッシュレス・ビジョン……20, 138
キャッシュレス・ポイント還元事業……40
キャッシング枠……40
キャリア決済……166
共通ポイント……148, 150
銀行間手数料……183
銀行業……118
銀行口座……30, 127
銀行再編……125
銀行法……118
銀行免許……74
金融会社……124
金融サービス仲介業……31
金融商品取引業者……124
金融庁……82
金融包摂……32, 278
銀聯……261
銀聯カード……46
クリアストリーム……251
クレジットカード……39, 138, 164
経済産業省……84
警察庁……85
軽量店……131

決済……66
決済完了性……79
決済システム……71, 174
決済代行サービス……169
決済ヒエラルキー……32, 77
決済前リスク……91
決済リスク……90, 91
限界地銀……125
現金……138
現金書留……175
現金通貨……139
現金発行量……140, 141
検査……83
コインチェック……37, 59
コインチェック事件……112
硬貨……139
公共ネットワーク……273
考査……83
口座型……55
口座管理手数料……131
口座振替……160, 161
行内振込……175
国際機関預り金……201
国債決済システム……241
小口決済……198
小口リアルタイム化……201
国土交通省……85
個人データ……132
５大決済システム……176
ことら……31
古物商……152
固有業務……35, 67
コルレス銀行……200
コルレス契約……68, 200
コロナ禍……25
コンプライアンス……101

さ行

サーバー型電子マネー……147
財務省……83
サブプライム危機……28
サンドダラー……50
資金移動業者……30, 35, 47
資金決済法……21, 33
資金清算業……36
システミック・リスク……95
次世代 RTGS……178
時点ネット決済……73
支払……67
紙幣……139
収納代行……155
順為替……176
証券決済インフラ……238
証券決済機関（CSD）……238
証券決済システム（SSS）……238
証券保管振替機構……245
照合……242
照合機関……238
商品券〈紙〉……145
ショッピング限度額……39
新型決済インフラ……28, 44, 69, 262
新貨幣……60
信託銀行……121
新通貨……60
新日銀ネット……180
人民元国際化……231
信用状……199
信用リスク……94
スウェーデンの過度の電子化……144
スーパーアプリ……49
スマートフォン（スマホ）……28
スマホ型モバイル電子マネー……146
スマホ決済インフラ……29, 30, 47
スマホ決済インフラ不正出金……112

清算……243
清算機関……238
生体（個性）認証……101
西南戦争……140
政府預金……201
全銀 EDI システム……186
全銀システム……170, 176, 182
全銀電子債権ネットワーク……194
全国銀行資金決済ネットワーク
（全銀ネット）……182
送金……270
即時グロス決済……73

た行

第 6 次全銀システム……184
第 7 次全銀システム……185
代引決済……154
他行振込……175
脱はんこ……260
単純型決済……75, 93
タンス預金……61, 141
地下銀行……67
地銀共同センター……134, 172
地銀統合……272
中央銀行預り金……201
中央銀行デジタル通貨……50
中銀デジタル通貨……52
中国銀聯……165
通貨法……139
通帳発行手数料……131
ディエム……50
手形……25
手形交換所……33, 268
手形交換制度……176, 190
デジタル……20
デジタル円……50
デジタル化……20, 260
デジタル給与……262
デジタル銀行……119
デジタル人民元……49
デジタル地域通貨……54
デジタル通貨……27, 49
デジタル・レーニン主義……27
デビットカード……39, 138, 163
デポ・コルレス銀行……200
テロ資金供与（CFT）……98
でんさいネット……25, 176, 194
電子化……191
電子記録債権……192
電子記録債権法……192, 193
電子交換所……192
電子債権記録機関……192
電子マネー……39, 138, 144
統合 ATM スイッチングサービス
（統合 ATM）……171
トークン型……55
特殊詐欺……90, 100
ドコモ口座……100
都市銀行……121
トラベラーズチェック……153
トラベルプリペイドカード……153
取引情報蓄積機関（TR：Trade
Repository）……108, 239, 245
取引停止処分制度……191

な行

ニセ札……140
日銀小切手……178
日銀ネット……170, 176
日本暗号資産取引業協会
（JVCEA）……98
日本銀行……83, 245
日本銀行法……139
日本証券クリアリング機構……243
日本ユニシス……39, 134
ニューヨーク大停電……105

ネット専業銀行……119
ノンデポ・コルレス銀行……200

は行

バーコード……156
バコン……50
発券銀行……78
はんこ……23
犯罪収益移転防止対策室
（JAFIC）……85
犯罪リスク……97
東日本大震災……108
ビジネスメール詐欺……112
ビットコイン……28
ファイナリティ：Finality……77
フィンテック……28, 167
不正アクセス……90, 100
不正ログイン……100
プラットフォーマー……49
振替……175
振込……68, 174
プリペイド……145
ふるさと小包……271
プレミアム商品券……54
ブロックチェーン……51, 58
ベアリングス事件……106
米国金融制裁……110
米国の硬貨不足……143
ペイジー……162
ペイパル……28
ヘルシュタット銀行……90
ヘルシュタット銀行事件……102
ヘルシュタット・リスク……94, 219
ポイント経済圏……32
ポイント交換……149
ポイント交換サイト……151
ポイントサイト……149, 151
貿易……199
報告義務……152
ポストペイ……145
ポストペイ型電子マネー……147
ほふりクリアリング……244
香港金融監督局（HKMA）……232
本人確認法……99

ま行

マイナカード……21
マイナポイント事業……41
マイナポイント政策……262
マイナンバー……21
マウントゴックス事件……109
前払式支払手段……34
マスター……165
マネーロンダリング
（マネロン：資金洗浄）…90, 98, 200
マルウェア……100
マルチペイメントネットワーク
（MPN）……162
マルチペイメントネットワーク
（Pay-easy）……172
みずほ銀行システム障害……113
モアタイムシステム……185

や行

夜間金庫……131
ゆうちょ銀行……269
ゆうちょプラットフォーム……269
ゆうちょペイ……271
郵便局の送金……270
ユーロクリア……251

ら行

リーマンショック……28, 107
リブラ……50
流動性……80
流動性リスク……94

両替商……67, 131
両替屋……76

わ行

ワールドカレンシーショップ……152
網聯（NUCC）……261

A-Z

ACH……207
ANSER（アンサー）……171
APN……189
ATM 共同運営……134
ATM ネットワーク……186
BACS……218
BankVision……134
BCCI 事件……105
BEPS……228
BIS（国際決済銀行）……84
BONY 事件……104
CAFIS……172
CDFCPS……229
Chance 地銀共同化システム……134
CHAPS……217
CHIPS……206
CIPS……230
CIS……229
CLS 銀行……74, 219
CMS……195
CNAPS……228
CO_2……274, 278
CRS（共通報告基準）……128
D-SIBs……130
DTC……247
DTCC データ・レポジトリー・ジャパン……246
DTNS……73
DVP……94
DX……20
e クローナ……54
e-口座……99
EACHA……215
ESG……266
Eurex Clearing……254
EURO1……212
FATF……70, 98
FedNow……205
Fedwire……202
Fed グローバル ACH……208
FGISC……232
FICC……247
Financial Infrastructure in Hong Kong（FIHK：香港金融インフラ）……232
FPS……218
FRB……248
G-SIBs……69, 130
HKMPSI……254
HVPS……228
IBPS……228
IC カード型電子マネー……146
JCB……165
J-Coin Pay……129
J-Debit（ジェイデビット）……163
JMB Global Wallet……154
LCH. Clearnet……253
LCHS……229
Mastercard……165
MICR……191
MICS……187
MINORI……128
MT……224
MUFG コイン……129
MUFG ショック……169
MX……225
M ペサ……28
NFC……35

NSCC……247
NTT データ……39
PASMO……35
～ Pay……264
PayPal……167
PayPay……48
PE-ACH 構想……215
PEPSI……215
PL/1……180
PVP……94
QR コード……155
QR コード型モバイル電子マネー……146
RTGS……32, 73
RTP……205, 207
SBI……126
SDGs……266
SDR……231
SEPA……214
SHCH……230
Sibos……227
STEP1……213
STEP1/STEP2……214
STEP2……213
Suica……35
SWIFT……213, 223
SWIFT gpi……226
SWIFT ハッキング事件……111
T2S……252
TARGET……209
TARGET2……209
TIPS……210
TMS……196
Tranzax 電子債権……194
VISA……165
ZEDI……186